ALEXANDRA BERGER
KATJA SUNDERMEIER

Warum Frauen besser aussehen als sie glauben

In 7 Schritten zu einem neuen Selbstbewusstsein

Inhalt

2. Schritt: Mein Körper: Freund oder Feind?

3. Schritt: Achtung Zickenalarm!

4. Schritt: Wie Männer Frauen wirklich sehen

5. Schritt: Lust statt leiden

6. Schritt: Schönheit richtig unterstreichen

7. Schritt: Schönheit im Wandel

Epilog: Ich bin schön!

Zum Nachschlagen

»Wenn wir **Schönheit** als etwas Persönliches,
Individuelles, **Ganzheitliches** betrachten
und **allen** Menschen die Möglichkeit geben,
ihr **wirkliches Ich** zu entfalten,
dann werden wir uns auch **wohler** fühlen.
Und wer sich **wohl fühlt**,
findet sich auch **schön**.«

[Anita Roddick, *Gründerin von »The Body Shop«*]

Vorwort

Schön sein wollen wir alle. Wirklich schön fühlen wir uns jedoch viel zu selten. Es gibt wohl keine Frau, die nichts an ihrem Körper auszusetzen hat. Warum ist das so? Warum mäkeln wir ständig an unserem Aussehen herum?

Falsche Vorbilder, schädliche Überzeugungen und fehlendes Selbstbewusstsein sorgen dafür, dass wir uns in unserer Haut unwohl fühlen. Dieses Buch will Ihnen dabei helfen, das zu ändern, und Ihnen in sieben Schritten zeigen, wie Sie Ihre eigene, individuelle Schönheit entdecken können.

Wir möchten, dass Sie sich wohl in Ihrem Körper fühlen. Wir möchten, dass Sie sich so in Ordnung finden, wie Sie sind. Wir möchten, dass Sie ganz selbstverständlich sagen: Ich bin schön!

Alexandra Berger
Katja Sundermeier

Das Ideal weiblicher Schönheit

→ In allen Gesellschaften existiert ein Schönheitsideal, und der weibliche Teil der Bevölkerung will oder soll ihm um jeden Preis entsprechen. Gibt es allgemein gültige Kriterien für perfekte weibliche Schönheit? Und: Wer legt unser Schönheitsideal fest und bestimmt damit, wie Frauen auszusehen haben?

Was finden wir schön?

Rosen oder Tulpen, Gold oder Platin, deutsche Eiche oder Teakholz, jeder hat da so seine Vorlieben. Über das Aussehen von Frauen driften die Meinungen ebenfalls häufig auseinander. Was dem einen gefällt, muss der Nächste noch lange nicht attraktiv finden. Und was heute als schön gilt, danach dreht sich morgen schon kein Mensch mehr um.

Trotzdem gibt es Frauen, denen laut wissenschaftlichen Untersuchungen neunundneunzig von hundert Betrachtern Schönheit attestieren würden: Models wie Claudia Schiffer oder Heidi Klum, Schauspielerinnen wie Liv Tyler oder einst Grace Kelly. Betreten solche Frauen einen Raum, sind alle Blicke auf sie gerichtet. Und alle Anwesenden sind sich einig: Was für eine schöne Frau! **WEIBLICHE SCHÖNHEIT ERKENNEN WIR AUF DEN ERSTEN BLICK.** Sollen wir aber beschreiben, was genau sie ausmacht, fehlen uns die Worte. Eine gute Figur, ein tolles Gesicht, traumhaftes Haar, eine faszinierende Ausstrahlung – mehr als solche Allgemeinplätze fallen uns meist nicht ein. Kein Wunder: Mit der Aufgabe, Schönheit zu erklären, mühen sich seit der Antike die größten Dichter, Denker und Künstler ab. Weder ihnen noch modernen Wissenschaftlern ist es bislang gelungen, eine allgemein gültige und zeitlose Definition abzuliefern.

Vielleicht lässt sich Schönheit ja ausrechnen. Nein, diese Eingebung hatte nicht erst kürzlich irgendein Naturwissenschaftler in seinem Hightech-Labor. Die Idee stammt aus der griechischen Antike. Zahlen und Proportionen – laut dem Philosophen Platon (427 bis 347 v. Chr.) und anderen klugen Köpfen dieser Epoche sind sie das **GEHEIMNIS DER SCHÖNHEIT.** Nach Platons Ansicht besteht ein schöner

Körper aus einzelnen Teilen, die bestimmte Maße aufweisen und sich im richtigen Verhältnis zueinander zu einem harmonischen Ganzen fügen.

An dieser Theorie muss etwas dran sein – zumindest wenn es um die Darstellung des Menschen in der Kunst geht. Schließlich scheint die zeitlose Schönheit der Werke der antiken griechischen Bildhauer tatsächlich auf perfekten Proportionen zu beruhen. Deren Zauber erliegen Betrachter noch heute. Nicht nur das. Die Skulpturen von Bildhauern wie Polyklet (465 bis 420 v. Chr.) oder Praxiteles (400 bis 330 v. Chr.) beeinflussten die westliche Kunst bis ins 20. Jahrhundert.

Welche Proportionen denn nun die idealen sind, dazu existieren unterschiedliche Theorien. Das ideale Gesicht bei Albrecht Dürer (1471 bis 1528) zum Beispiel besteht im Profil aus vier gleich großen Teilen. Ein anderes KLASSISCHES IDEAL unterteilt das Profil in drei gleich große Partien. Andere Messsysteme wiederum diktieren die gleiche Länge von Nase und Ohr oder eine Entsprechung von Nasenbreite und Augenabstand und so weiter. Seit der Renaissance spielt der so genannte goldene Schnitt eine zentrale Rolle. Er teilt eine Linie oder Figur so, dass das Verhältnis des kleineren Teils zum größeren dasselbe ist wie das Verhältnis des größeren Teils zum Gesamten (in Zahlen: 1:1,618).

Warum erzählen wir Ihnen das und empfehlen Ihnen auch noch, sich in einem Museum oder einem Kunstband antike griechische Skulpturen einmal genauer anzusehen? Weil die über 2000 Jahre alten Kunstwerke in Sachen ideale Schönheit bis heute tonangebend sind – und Ihnen im Büro vielleicht sogar eine Möchtegern-Kopie gegenübersitzt. Die klassischen Proportionsregeln dienen nämlich plastischen Chirurgen als Schnittmuster oder zumindest als GRUNDLAGE BEI DER GESTALTUNG VON GESICHTERN. Ob die Chirurgen ihren Kundinnen damit tatsächlich zu perfekter Schönheit verhelfen, bleibt jedoch fraglich und soll in Kapitel 6 genauer untersucht werden. Denn zum einen glauben wir, dass zu wahrer Schönheit mehr gehört, als einer mathematischen Formel zu entsprechen (siehe Kapitel 5). Und zum anderen ist längst nicht wissenschaftlich bewiesen, dass ideale Maße auch tatsächlich die Voraussetzung für weibliche Schönheit sind – auch wenn Harmonie und Attraktivität nachweislich in einem gewissen Zusammenhang stehen (siehe Kapitel 4).

Grüße aus der Steinzeit

Glaubt man Evolutionspsychologen wie dem Amerikaner David Buss, dann haben wir uns im Verlauf der Menschheitsgeschichte zwar zu Ästheten entwickelt, das Tier in uns aber nie ganz ausgemustert. Und so orientiert sich der Geschmack der Männer, was weibliche Schönheit angeht, zwar am jeweiligen Zeitgeist. Doch tief in jedem von ihnen steckt das Erbe der Urahnen, das ihn auffordert, für den Fortbestand seiner Art zu sorgen und deshalb seine Partnerin(nen) unter

> Schönheit ist keine Qualität der Dinge an sich, sie existiert nur im Bewusstsein des Betrachters, und jeder Betrachter erkennt etwas anderes als schön.
>
> [David Hume, *englischer Philosoph (1711 bis 1776)*]

dem Aspekt ihrer Fortpflanzungsfähigkeit auszuwählen. Im Klartext heißt das: Schön ist laut Evolutionspsychologie in Männeraugen die Frau, deren Aussehen **PRÄCHTIGE, GESUNDE KINDER** verspricht. Dass wir einerseits Kälber klonen und den Mars erforschen, aber andererseits wie Steinzeitmenschen ticken, ist nur schwer nachzuvollziehen. Dennoch legen die Ergebnisse der Studien von David Buss und Kollegen diese Vermutung nahe. Mehr darüber, was Männer an Frauen attraktiv finden, erfahren Sie in Kapitel 4.

Dass David Hume mit seiner These vom INDIVIDUELLEN SCHÖNHEITSEMPFINDEN nicht ganz danebenlag, bestätigen die Erkenntnisse von Manfred Hassebrauck, Professor für Sozialpsychologie an der Universität Wuppertal. Ob jemand als attraktiv empfunden wird, richtet sich demnach im Schnitt zu etwa 30 Prozent nach dessen objektiver Schönheit, zu 20 Prozent danach, ob ein Betrachter generell hohe oder niedrige Ansprüche hat, und zu 50 Prozent nach dem PERSÖNLICHEN GESCHMACK des Betrachters. Zumindest trifft das für die Beurteilung des Aussehens von Durchschnittsmenschen, also der Mehrheit von uns, zu. Die kleine Minderheit extrem schöner und extrem hässlicher Menschen wird nach Hassebraucks Erfahrung von den meisten Betrachtern relativ einheitlich beurteilt.

»Persönlicher Geschmack«, das ist natürlich eine höchst manipulierbare Größe. Denn einerseits haben Menschen tatsächlich individuelle Vorlieben und legen zum Beispiel besonderen Wert auf ein gewisses Leuchten in den Augen oder auf den Sexappeal weiblicher Kurven. Oder sie entdecken die Schönheit einer Frau in ihrem wunderbaren Lachen, ihrem Charme oder ihren eleganten Bewegungen. Doch unser Geschmack bleibt nicht unberührt von äußeren Einflüssen. In jeder Gesellschaft existiert ein SCHÖNHEITSIDEAL, dem wir uns im Zeitalter der Massenmedien weniger denn je entziehen können – egal, ob wir in der Rolle des Beurteilenden oder des Beurteilten stecken. Um die Macht der Medien wird es im 1. Schritt gehen.

Was also ist nun schön? Vielleicht trifft jeder der vorgestellten Erklärungsversuche ein bisschen zu. Vermutlich aber ist es so, wie in einem Essay in der Wochenzeitung »Die Zeit« (02/2002) zu lesen war: »Für Schönheit gibt es, wie für die Wahrheit, keine endgültigen Kriterien, es gibt nur Übereinkünfte.«

Schönheitsideale von vorgestern bis heute

Ob eine Frau sich schön fühlen darf oder nicht, diese Entscheidung wollte man zu keiner Zeit ihr selbst überlassen. Immer fand sich eine Instanz, die dem »SCHÖNEN GESCHLECHT« erklärte, was unter weiblicher Schönheit zu verstehen ist. Und welchem Bild eine Frau im Idealfall zu entsprechen hat. Dabei ging es nur selten um Schönheit um ihrer selbst willen. Schönheit musste herhalten als Ausdruck von irgendetwas anderem: von Reinheit und Frömmigkeit etwa oder von der Zugehörigkeit zur gesellschaftlichen Elite. Und wie das mit Idealen so ist, waren sie stets nur für eine kleine Schar von Frauen erreichbar, die zufällig die körperlichen Voraussetzungen mitbrachten.

Wer wissen will, welches Schönheitsideal welche Zeit prägte, der blättert am besten in Kunstbüchern und sieht sich die Abbildungen von Frauen der einzelnen Epochen an. Die ersten Frauenfiguren entstanden in Europa vor ungefähr 25 000 Jahren. Sie sind aus Stein, Elfenbein, Ton oder Kalkstein geformt und das, was man heute fett nennt. Wie die berühmte VENUS VON WILLENDORF haben fast alle riesige Brüste, kräftige Oberschenkel, dicke Bäuche und runde Hüften. ÜPPIGKEIT wird verehrt und steht, so wird angenommen, für Fruchtbarkeit.

Die GRIECHEN prägten ein Schönheitsideal, das jede Mode der nachfolgenden Jahrtausende überlebt hat: Eine schöne Frau hat ANMUTIG UND SCHLANK zu sein, ihr Körper wohlproportioniert und die Haut »weißer als Elfenbein« (Homer, um 800 v. Chr.). Wie bei uns pflegt man sich mit aufwendig hergestellter KOSMETIK, sogar eine Art Zahnpulver ist schon im Einsatz. Modische Frisuren sind ein Muss für die Traumfrau, Körperbehaarung gilt dagegen als unhygienisch und wird beseitigt. Auch der JUGENDWAHN ist eine Erfindung der Griechen: Wer schön sein will, muss Jugendfrische ausstrahlen. Gegen das Alter wird daher kräftig mit Creme und Färbemittel angearbeitet.

Mit der wachsenden Verbreitung des Christentums kommt die Schönheit in Verruf. Die Kirchenmänner erklären den weiblichen Körper zum ORT DER SÜNDE – schließlich hat Eva mit ihren weiblichen Reizen den armen Adam verführt und damit den Rausschmiss aus dem Paradies provoziert. Der Respekt vor und die Freude am eigenen Körper wird den Frauen im Verlauf des MITTELALTERS systematisch ausgetrieben. Schönheitspflege ist tabu. Als Ikone christlich korrekter Schönheit wird den Erbsünderinnen die jungfräuliche Maria präsentiert. Im Hochmittelalter (13. Jahrhundert) ist das Idealbild der Frau endgültig auf ANDROGYNE FORMEN zurechtgestutzt – eine Art degeneriertes Modell des männlichen Körpers.

Pralle Lebenslust

In der RENAISSANCE kehrt zu Beginn des 16. Jahrhunderts die Weiblichkeit zurück. Endlich sind wieder natürlichere Formen gefragt. Frauen sollen zwar eher groß sein, mit hoher Stirn, gerader Nase, kleinem Mund und zarten, weißen Händen, aber immerhin gelten runde Hüften und kräftige Beine als erotisch.

Im BAROCK (17. bis Anfang 18. Jahrhundert) schlägt die Stunde der PRALLEN SINNLICHKEIT. Die Gemälde von Rubens (1577 bis 1640) machen deutlich, was mit »barocken Formen« gemeint ist. Adelige Damen schmücken sich mit aus heutiger Sicht lächerlichen, turmhohen Perücken. Das Gesicht ist weiß gepudert, die Brauen sind geschwärzt, Wangen und Lippen rot geschminkt, und hier und da klebt ein schwarzes Schönheitspflästerchen. Wer sich dezent oder gar nicht schminkt, wird als vulgär verachtet.

Das ausgehende 18. Jahrhundert verschreibt den Frauen NATÜRLICHKEIT, im Lauf des 19. Jahrhunderts kommt das Korsett wieder in Mode, der Gebrauch von Puder und Schminke geht weiter zurück.

Schlank ist schön

Seit Beginn des 20. Jahrhunderts wechseln die Schönheitstrends so schnell, dass man kaum mitkommt. Viel Busen, wenig Busen, blonde Haare, dann wieder brünette, glatte Haare, wilde Lockenmähne – in früheren Zeiten waren optische Zielvorgaben weniger leicht verderbliche Ware. Obwohl: Die meisten Trends sind so kurzlebig, dass sie es nie zum Ideal bringen. Das einzige Schönheitsgebot, das sich dauerhaft etabliert hat, lautet: DU SOLLST SCHLANK SEIN!

Den Anfang mit der Kiloknauserei macht die »Garçonne-Mode« der 20er Jahre mit ihrer knabenhaften Silhouette. In den 40er und 50er Jahren gelten runde, weibliche Formen in Ausnahmefällen zwar noch einmal als begehrenswert, doch nach Marilyn Monroe ist es endgültig vorbei mit weiblichen Rundungen. Mit jedem Jahrzehnt fällt die Idealfrau mehr vom Fleisch. Abzumessen an den immer untergewichtigeren MODELS UND HOLLYWOOD-STARS – den Schönheitsikonen des Medienzeitalters. Der amerikanische Designer Calvin Klein soll einmal die Losung ausgegeben haben: »Ich möchte nicht, dass Frauen über Größe 42 meine Kleider tragen.« So manche normalgewichtige Frau mag sich da ab und an die barocken Zeiten zurückwünschen, in denen sie mit ein paar Kilo mehr auf den Hüften den Status einer Traumfrau innegehabt hätte.

Jetzt, am Anfang des 21. Jahrhunderts, gesellt sich in den westlichen Industrienationen zum Schlankheitsgebot ein zweiter Imperativ: DU SOLLST JUNG AUSSEHEN! Es steht zu befürchten, dass sich dieser Medientrend, unterstützt von der Pharma- und Kosmetikindustrie, ebenfalls zum dauerhaften Schönheitsideal auswächst.

Schönheitsideale in anderen Kulturen

Sie halten Ihr Aussehen für durchschnittlich? Wer weiß, woanders würden Sie vielleicht zur Schönheitskönigin gekürt. In vielen Kulturen hat man nämlich ganz eigene Vorstellungen von der idealen Frau.

SPECK MACHT SEXY: Bei den Enga auf Neuguinea dreht sich, wie bei uns, alles um eine gute Figur. Aber anstatt sich panisch auf mögliche Speckröllchen zu untersuchen, soll ein Mädchen möglichst moppelig werden. Runde Frauen bekommen nämlich die besten Männer ab. Auch in vielen Regionen Afrikas ist das Speckpolster der Frauen ein echtes Statussymbol. In Ghana oder Nigeria werden Mädchen regelrecht gemästet, damit sie bis zur Hochzeit dicker werden. Auch in der islamischen Kultur dürfen es meist gerne ein paar Pfunde mehr sein.

WARUM ALLES DER NATUR ÜBERLASSEN? Die Menschen neigen schon immer dazu, ihren Körper zu verzieren und zu verändern, um ihn in ihren Augen schöner und exquisiter zu machen. Leider geschieht das häufig nach der Devise: Wer schön sein will, muss leiden. Legendär sind die »Lotosfüße« der Frauen im alten China.

Bei den Mursi, einem äthiopischen Nomadenstamm, tragen die Frauen Tonscheiben in der Unterlippe und in den Ohrläppchen. Andere afrikanische Völker verzieren den Körper mit kunstvollen Narbenmustern. Den »Langhalsfrauen« der burmesischen Padaung wird mit fünf Jahren ein Ein-Kilo-Ring aus Messing um den Hals gelegt. Alle paar Jahre kommt ein weiterer Ring hinzu, bis die Frauen eine mehrere Kilo schwere Messingspirale mit sich herumtragen.

Noch pflegen viele Kulturen ihre eigenen Schönheitsideale. Doch vermutlich wird das bald Geschichte sein. Denn die GLOBALISIERUNG beglückt die Welt nicht nur mit Coca-Cola und McDonald's, sondern auch mit einem einheitlichen Schönheitsideal.

Die universale Traumfrau

Alle wollen nur das eine: wenigstens ein bisschen aussehen wie ein Model, Pop- oder Hollywood-Star. Und zwar egal, ob man in New York geboren wurde, in Hamburg, Kapstadt, Sydney oder Shanghai. Die Globalisierung lässt nicht nur das Leben auf allen Kontinenten immer ähnlicher aussehen, sie schafft auch ein globales Schönheitsideal.

Die Indizien dafür, dass sich ein einheitliches Idealbild der Frau nach westlichem Zuschnitt international durchsetzt, mehren sich. In Asien lassen Frauen sich zu zehntausenden die typische Lidfalte operativ korrigieren. Neben runderen, »europäischen« Augen sind vor allem höhere Nasenrücken und größere Brüste gefragt. In China unterziehen Frauen sich einer monatelangen schmerzhaften Prozedur, um künftig auf zehn Zentimeter längeren Beinen Karriere zu machen oder sich einen Traummann zu angeln. In keinem Land der Welt werden so viele Nasen in HOLLYWOOD-TAUGLICHE NÄSCHEN umoperiert wie im Iran. In Brasilien lassen sich Heerscharen von Frauen mit Bleichmitteln das Gesicht aufhellen und vom Chirurgen die Brüste vergrößern. In Südafrika leiden laut einer Studie der englischen Universität Northumbria immer mehr junge Frauen an Essstörungen.

»Die Frauen glauben, dünner sein zu müssen, um bei Männern als modern und attraktiv zu gelten«, wird die Psychologiedozentin Julie Seed in der Frauenzeitschrift »Allegra« (06/2003) zitiert. »Sie wollen um jeden Preis so aussehen wie die westlichen Mädchen, wie sie im Fernsehen und in all den Zeitschriften zu sehen sind.« Fernsehen, Zeitschriften, Internet – über die Medien verbreitet sich das Schönheitsideal der westlichen Welt wie ein Virus über den ganzen Globus.

Und wie sieht sie aus, die universale Traumfrau der Zukunft? Nachdem im Mutterland des modernen Schönheitsideals, den Vereinigten Staaten, der ursprüngliche Typus der perfekten Frau – blond und mit westeuropäischen Wurzeln wie die Schauspielerin Gwyneth Paltrow – einer immer kleiner werdenden Minderheit angehört, hat sich das Idealbild in letzter Zeit leicht gewandelt. Stars wie Jennifer Lopez, Lucy Liu oder Halle Berry verkörpern einen neuen Trend, der andere Ethnien berücksichtigt. Ein bisschen Farbe und mehr Formen dürfen es neuerdings ruhig sein – doch das wichtigste Attribut der modernen Traumfrau bleibt ein schlanker Körper.

ÜBUNG

So will ich aussehen!

Bevor Sie jetzt so richtig in dieses Buch einsteigen, wollen wir Sie bitten, sich ein paar Gedanken über Ihr eigenes Aussehen zu machen. Nehmen Sie sich mindestens eine halbe Stunde Zeit und beantworten Sie die nachfolgenden Fragen. Am besten schreiben Sie Ihre Antworten auf. Am Ende des Buches wird es nämlich noch einmal um Ihre Einschätzungen gehen. Heben Sie Ihre Notizen also gut auf.

1. Wie sieht Ihr persönliches Schönheitsideal aus? Welche Merkmale hat Ihrer Meinung nach eine wirklich schöne Frau?
2. Wie zufrieden sind Sie mit Ihrem eigenen Aussehen? Was gefällt Ihnen nicht an Ihrem Gesicht oder Körper? Wenn Sie drei Schönheitswünsche bei einer Fee frei hätten, was würden Sie sich wünschen?
3. Was wollen Sie wirklich ändern? Abnehmen, Haare wachsen oder abschneiden lassen, Zähne bleichen – definieren Sie Ihr persönliches Schönheitsziel.

1. Schritt
Der Kult
um die Schönheit

→ Schönheit ist in unserer Gesellschaft wichtig wie nie zuvor. Sie ist die Währung, für die wir fast alles bekommen: Erfolg, Status, Sympathie, Reichtum. Reich wird vom Kult um den idealen Körper aber vor allem die Schönheitsindustrie: Ärzte, Pharma- und Kosmetikkonzerne machen Milliardengewinne mit der Sehnsucht der Frauen nach makelloser Schönheit.

Beauty

Die Inszenierungs-gesellschaft

Wie entscheidend gutes Aussehen und eine gelungene Selbstdarstellung gerade für Frauen sind, erleben wir jeden Tag. In unserer Inszenierungsgesellschaft kommt am besten voran, wer sich optisch perfekt präsentiert. Die richtige Frisur, eine gute Figur, das passende Outfit – wer da nicht mithalten kann, hat schlechte Karten. Wer die Spielregeln dagegen beherrscht, kommt ganz groß raus – siehe Verona Feldbusch, Anna Kournikova oder die Promiluder-Riege. Das Fatale ist: Wir alle machen mit bei diesem Spiel.

Denken Sie nur mal an die Politik. Gerhard Schröder und Joschka Fischer sammeln Sympathiepunkte durch eine erlesene Garderobe, weltmännisches Auftreten und die richtige Krawattenwahl. Optische Defizite können männliche Akteure allerdings durch Redegewandtheit und selbstbewusstes Auftreten problemlos wettmachen – siehe Roland Koch. Anders Politikerinnen. Auch bei ihnen zählt natürlich, was sie tun und wie gut sie darin sind. Ganz wichtig ist jedoch, **WIE SIE DABEI AUSSEHEN**. Hillary Clintons Kleidungsstil oder Angela Merkels Frisuren werden ebenso ausführlich diskutiert wie ihre politischen Aktivitäten. Kennen wir doch alle: Während man sich vor dem Fernseher mal wieder über Frau Merkels neueste Haarkreation und ihren eigenartigen Gesichtsausdruck ereifert, verpasst man die Hälfte ihrer Worte. »Mein Gott, sieht die wieder aus! Wo geht die bloß zum Friseur? Äh, was hat sie eigentlich gesagt?«

Margarete Bause, Grünen-Chefin in Bayern, schimpfte in der »Münchner Abendzeitung« (17.07.2003): »Man tritt als Frau ans Rednerpult, und bevor es um Inhalte geht, wird erst einmal dein Äußeres diskutiert.

Viele Herren der Schöpfung meinen doch immer noch, einen schönen Mann kann nichts entstellen – und entsprechend sehen sie dann auch aus. Eine Frau könnte sich so etwas nie leisten.« Zumindest kommt sie nicht ungestraft davon.

Die Pflicht zur Schönheit

Die richtigen Maße, das richtige Make-up, die richtige Mode – FÜR FRAUEN IST DAS EIN MUSS. Und wehe, eine spielt nicht mit! Versagerin, lautet der Schuldspruch. Urteilsbegründung: Die lässt sich gehen, hat ihr Leben nicht im Griff. Mindeststrafe: Spott und schiefe Blicke. Höchststrafe: Verbannung auf die Schattenseite des Lebens.

Wie sehr sich die Pflicht zum guten Aussehen in unseren Köpfen festgesetzt hat, ermittelte die Forschungsstelle für Sexualwissenschaft und Sexualpädagogik der Universität Koblenz-Landau Ende 2000 in einer Studie. 82,5 Prozent der befragten Männer und 92,1 Prozent der Frauen gaben an, großen Wert auf ihr Erscheinungsbild zu legen. Dass Frauen in punkto Aussehen jedoch weit strengere Auflagen zu erfüllen haben, belegt die Tatsache, dass 86,6 Prozent der weiblichen, aber nur knapp über die Hälfte der männlichen Befragten meinten, hübsch auszusehen sei wichtig. »Hübsch aussehen« hört sich harmlos an.

Doch dummerweise verstehen viele Frauen darunter »aussehen wie ein Model«. Dieses Ziel ist für die große Mehrheit (noch) unerreichbar. Und das sorgt für Frust. Jede vierte Frau gab in der Studie der Uni Koblenz-Landau zu Protokoll, dass sie unter dem gesellschaftlichen Druck, hübsch und schlank sein zu müssen, leide. In den nächsten Jahren wird sich dieser Druck weiter verstärken. Durch die Möglichkeiten der Schönheitschirurgie wird der TRAUM VOM PERFEKTEN KÖRPER immer machbarer. Die Folge ist laut der Wochenzeitung »Die Zeit« (02/2002) der Zwang, dem »Unglück des Nicht-Schönseins zu entkommen«. Jedenfalls für alle, die dazugehören wollen.

Die Macht der Schönheit

Weibliche Schönheit ist eine Zauberkraft, der niemand widerstehen kann. Wir alle wollen sie besitzen, und bei ihrem Anblick werden wir schwach. Das war zu keiner Zeit anders. Seit Jahrtausenden bricht Schönheit Männerherzen, ebnet den Weg in die erste Reihe der Gesellschaft und gilt sogar als Verkörperung des Guten.

» Es ist erstaunlich, wie der Mensch sich so ganz der Täuschung hingeben kann, dass das Schöne auch das Gute sei. «

[Leo N. Tolstoi, *russischer Schriftsteller (1828 bis 1910)*]

Dass hinter einer schönen Hülle nicht unbedingt eine schöne Seele oder ein kluger Kopf stecken muss, wissen wir eigentlich. Nur glauben wollen wir es nicht, wenn es uns beim Anblick einer Traumfrau mal wieder den Atem verschlägt. Und selbst wenn wir es glauben wollen, ist es uns egal. Weil wir wissen, dass gutes Aussehen fürstlich belohnt wird. Schöne Frauen erobern echte Prinzen oder heiraten in den Geldadel ein, sie machen Karriere in der Glitzerwelt des Showbusiness oder moderieren Fernsehsendungen. Und auch im ganz normalen Leben besitzen die Schönen meist die besseren Karten. »Schöne Menschen haben in vielen Lebensbereichen bessere Startbedingungen«, erklärt der Sozialpsychologe Ronald Henss von der Universität des Saarlandes in Saarbrücken (in »Financial Times Deutschland«,

12.09.2003). Das haben er und andere Wissenschaftler mit unzähligen Untersuchungen nachgewiesen. Kein Wunder, dass die meisten Frauen, würden sie vor die Wahl gestellt, LIEBER SCHÖN ALS SCHLAU wären. Noch weniger Wunder, dass wir so verzweifelt daran arbeiten, ständig ein bisschen schöner zu werden.

VIP-Lounge – Zutritt nur für Schöne

Eine schöne Frau ist immer das Alpha-Weibchen in ihrem Revier. Sie ist die Freundin des coolsten Jungen der Schule, des Stars auf dem Sportplatz, und ihre Chancen, später einmal nach oben zu heiraten, stehen gut. Das belegen amerikanische Studien. Mit ein bisschen Glück ist Schönheit die Eintrittskarte für die VIP-Lounge und verhilft einer Frau zu STATUS, REICHTUM UND MACHT.

Um sich als festes Mitglied der gesellschaftlichen Oberliga auszuweisen, reicht natürliche Schönheit allerdings nicht aus. Sie verschafft einer Frau zwar Zutritt, aber wirklich dazugehören tut in der Regel nur, wer bestimmte Normen bezüglich seines Aussehens erfüllt. Denn schon immer hat sich die finanzstärkste Schicht optisch nach unten abgegrenzt. Teure Kosmetik, gepflegte Hände oder vornehme Blässe etwa konnten sich im alten Griechenland oder im Frankreich des Sonnenkönigs nur adelige Damen leisten. Heute markiert ein schlanker DESIGNERKÖRPER die Zugehörigkeit zur High Society. Das schließt die amerikanische Biologin und Psychologin Nancy Etcoff (2001) aus der Auskunftsfreudigkeit der oberen zehntausend in Bezug auf schönheitschirurgische Renovierungsarbeiten. »Anstatt über entsprechende Eingriffe zu schweigen«, so die Harvard-Dozentin, »geben Frauen in reichen Städten wie Palm Springs heute damit an.« Kleinere Eingriffe wie Nasen- oder Lidkorrekturen oder eine faltenfreie Botox-Stirn kann sich mittlerweile jede Normalverdienerin leisten. Aber für den vom Topchirurgen, Ernährungsberater und Personal-Trainer durchgestylten Luxuskörper muss man schon ein bisschen mehr auf dem Konto liegen haben. Zeig mir deinen Körper, und ich sag dir, wer du bist…

Der Sympathie-Bonus

»Ach, ist die süß!« Schon in der Wiege fängt es an. Hübsche Babys werden länger angelächelt und von ihren Müttern liebevoller umsorgt. Schöne Kinder stehen bei ihren Altersgenossen als Freunde höher im Kurs und werden in der Schule von den Lehrern nicht nur bevorzugt, sondern auch weniger streng bestraft, wenn sie Unfug treiben. Attraktive Erwachsene gelten automatisch als **SYMPATHISCH, INTELLIGENT, KOMPETENT, AUFREGEND**, und wenn sie ein Verbrechen begehen, lässt das Gericht schon mal Milde walten. Außerdem lassen wir uns leichter von gut aussehenden Menschen überzeugen und verzeihen ihnen schneller als anderen. Die wissenschaftlichen Studien, in denen all dies ermittelt wurde, lassen keinen Zweifel zu: Dem Reiz der Schönen kann keiner widerstehen.

» Schönheit ist ein offener Empfehlungsbrief, der die Herzen im Voraus für uns gewinnt. «

[Arthur Schopenhauer, *deutscher Philosoph (1788 bis 1860)*]

Je attraktiver eine Frau, desto größer ihr Sympathie-Bonus. In einer US-Studie (1986) reichte Studenten ein Blick auf die Fotos von hübschen Ladys, und schon waren die Gentlemen zu allem bereit: beim Umzug zu helfen, Blut oder eine Niere zu spenden, als Lebensretter eine Meile zu schwimmen. Sogar aus einem brennenden Gebäude wollten sie die Schönen retten. Erst beim Thema Geldverleihen war Schluss mit der Ritterlichkeit.

Die Wissenschaft entlarvt uns als oberflächliche Augenwesen, die ihre Sympathie bevorzugt an schöne Menschen verteilen. Zum Glück liefert sie auch eine Entschuldigung für unser unfaires Treiben. Die Hirnforschung zeigt: Wir können nicht anders. Sobald uns eine attraktive Person ins Gesicht sieht, schickt das emotionale Zentrum in unserem Gehirn Botenstoffe los, die ein Wohlgefühl auslösen. Festgestellt haben das 2001 der deutsche Neurologe Knut Kampe und sein Forscherteam am Institute of Cognitive Neuroscience des Londoner University College. Andersherum bekommen wir schlechte Laune, wenn uns Herr oder Frau Hässlich anschaut. Gucken sie wieder weg, reagieren wir unbewusst erleichtert. Die Sympathie für schöne Menschen ist also eine KÖRPERLICHE REAKTION, eine Art Reflex.

Dass unser Hang zum Schönen angeboren ist, lässt auch eine Studie der amerikanischen Psychologin Judith Langlois (1987) vermuten. Sie zeigte Säuglingen im Alter von zwei bis sechs Monaten jeweils gleichzeitig zwei Porträtaufnahmen. Zu ihrem Erstaunen sahen sich alle Babys diejenigen Gesichter länger an, die Erwachsene vorher als attraktiver eingeschätzt hatten.

Ungerechte Welt? Ja! Aber nicht ganz so ungerecht, wie es auf den ersten Blick scheint. Natürlich lässt sich der Sympathie-Bonus der Schönen nicht leugnen. Aber im normalen Leben fällt er weit kleiner aus, als die oben zitierten Studien zunächst vermuten lassen. Vergessen Sie nicht: Die Mehrzahl der Frauen ist weder überirdisch schön noch unterirdisch hässlich – doch um genau diese Extreme geht es in den meisten Untersuchungen. Im Alltag haben wir es meist mit Durchschnitts-Beautys zu tun, die vielleicht ein bisschen hübscher sind als wir und deswegen beim ersten Eindruck ein bisschen besser abschneiden. Dieser kleine Vorsprung lässt sich lässig aufholen – mit Charme und Humor zum Beispiel. Und beides kann jede Frau entwickeln!

Karriere mit Vitamin S

An der Käsetheke werden schöne Menschen zuvorkommender bedient, und in der Fußgängerzone werden sie seltener angerempelt. So viel Ungerechtigkeit lässt sich gerade noch verschmerzen. Dramatischer ist, was man aus der Wirtschaft vernimmt: Steigende Arbeitslosenzahlen sorgen für wachsende Ansprüche bei den Arbeitgebern – auch was die Optik angeht. Haben Personalchefs die Unterlagen mehrerer gleich qualifizierter Kandidaten vorliegen, laden sie häufig die besser Aussehenden zum Vorstellungsgespräch. Laut US-Studien werden attraktive Menschen eher eingestellt, verdienen mehr und gelten als LEISTUNGSFÄHIGER UND KOMPETENTER. Schöne Menschen werden überschätzt, sagen Experten wie der Wiener Humanethologe Karl Grammer (in »Allegra« 03/2003). Aber das »Schön gleich gut«-Stereotyp sitzt wie eingemeißelt in unseren Köpfen.

Auch vor den Chefetagen macht der Schönheitsterror nicht halt. Die Hamburger Wirtschaftswissenschaftlerin Sonja Bischoff befragt regelmäßig deutsche Führungskräfte. Das Ergebnis ihrer Erhebung von 2003: Noch nie war die äußere Erscheinung so wichtig. Für die Karriere sei das Aussehen mittlerweile sogar entscheidender als gute Beziehungen, meinen die Manager. Also pflegen Businessmen und -women statt der Kontakte verstärkt ihren Körper – und legen sich, wie die »Wirtschaftswoche« (04.07.2001) meldet, für den Erfolg im Job zu tausenden beim Schönheitschirurgen auf den OP-Tisch.

Der Saarbrücker Sozialpsychologe Ronald Henss (in »Financial Times Deutschland«, 12.09.2003) kann die Personalwahl nach optischen Kriterien sogar nachvollziehen: Attraktive Menschen kommen einfach besser an. In vielen Unternehmen werden deshalb die attraktivsten Mitarbeiter für Außenkontakte mit Kunden, Klienten und Geschäftspartnern eingesetzt. Wer beim Optik-Check schlecht abschneidet, bekommt interne Aufgaben zugeteilt.

Einer Frau kann »zu viel« Schönheit auf dem Weg nach ganz oben allerdings zum Verhängnis werden. Haben Sie es auf den Chefsessel abgesehen, sollten Sie Ihre weiblichen Attribute besser kaschieren. Denn wenn es um die Vergabe der Führungspositionen in einem Unternehmen geht, sind »typisch männliche« Eigenschaften wie Durchsetzungsfähigkeit, Entscheidungsfreude und Ehrgeiz gefragt. Und die traut man einer Frau mit sehr femininem Aussehen nicht zu, stellten Sozialpsychologen der Universität Mannheim 2002 fest. Führungsqualitäten vermutet man in der Regel eher bei Personen, die unabhängig vom tatsächlichen Geschlecht maskuline äußere Merkmale wie ein markantes Kinn, breite Schultern, kräftige Augenbrauen oder insgesamt gröbere Gesichtszüge vorzuweisen haben.

Schönheit ist nur dann ein Handicap,
wenn du zu doof bist,
sie intelligent zu nutzen.

[Monica Bellucci, *italienische Schauspielerin*]

Auch über ein sexy Outfit, einen knallroten Schmollmund und High Heels können Frauen bei der Bewerbung um eine gehobene Position stolpern. SEXAPPEAL UND KOMPETENZ lassen sich offenbar schwer gleichzeitig vermitteln.

Zur Karriereplanung gehört mehr denn je ein wohl durchdachtes optisches Konzept. Aber dass Sie im konservativen Anwältinnen-Look in der Modebranche oder im flippigen Street-Style bei einer Bank nicht weit kommen, haben Sie sich vermutlich eh schon gedacht. Und jetzt eine Mitteilung, die Sie beruhigen wird: Wie beim Verteilen von Sympathiepunkten geht es auch im Berufsleben nicht ganz so ungerecht zu, wie man zunächst glauben möchte.

1 **DIE BEWERBUNG:** Die meisten Frauen liegen optisch im Mittelfeld. Die Wahrscheinlichkeit, bei der Bewerbung um einen Job gegen eine Miss Universum anzutreten, ist demnach relativ gering. Vieles steht und fällt mit der Qualität des Bewerbungsfotos – und wie das aussieht, haben Sie selbst in der Hand. Die Investition in eine Sitzung bei einem guten Fotografen könnte sich jedenfalls bezahlt machen.

2 **DAS VORSTELLUNGSGESPRÄCH:** Forscher stellen immer wieder fest, dass im ersten persönlichen Gespräch optische Nachteile schnell zur Nebensache werden. Stimme, Mimik, Gestik, Können, Kleidung, Zeugnisse und Persönlichkeit zählen mindestens genauso wie eine hübsche Fassade.

3 **DER JOBALLTAG:** Wie überall öffnen sich schönen Frauen auch im Berufsleben viele Türen schneller. Doch sind sie erst drin, werden die Karten neu gemischt. Oft schlagen den Schönen am Arbeitsplatz Vorurteile entgegen. Blond und hübsch, die ist garantiert blöd. Die hat sich nach oben geschlafen. Die ist eine arrogante Zicke. Gar nicht einfach, die Kollegen vom Gegenteil zu überzeugen. Genau wie jede andere müssen sich gut aussehende Frauen also ihren festen Platz im Team mit Leistung, Kompetenz und einer sozial verträglichen Art erobern.

Und noch etwas: Gut aussehen bedeutet in der Arbeitswelt nicht zwangsläufig Model-Tauglichkeit, sondern vor allem eine gepflegte Erscheinung. Wer sorgfältig mit seinem Äußeren umgeht, der erledigt seinen Job mit der gleichen Sorgfalt, glauben Personal- und andere Chefs. Die Designerin und Unternehmerin Jette Joop zum Beispiel sagt: »Wichtig ist, dass das Gegenüber auf den ersten Blick sieht, dass man sich um sich kümmert. Daran zeigt sich ja auch, ob man die Aufgaben, die einem anvertraut werden, sorgfältig behandelt.« (»Woman« 01/2003)

Wie viel eine angenehme Art zur Attraktivität eines Menschen beiträgt, können Sie im Erfahrungsbericht auf der nächsten Seite lesen.

Erfahrungsbericht

Katja Sundermeier: Wie ich Schönheit neu entdeckte

Als ich 18 Jahre alt war, besuchte ich ein Seminar bei der erfolgreichen Managementtrainerin Vera Birkenbihl. Zu Beginn der Veranstaltung bekamen alle Teilnehmer eine Augenbinde umgebunden und wurden in die Mitte des Seminarraums geführt. Wir liefen dann zu Musik blind durch den Raum, und als die Musik stoppte, mussten wir uns einen anderen Teilnehmer suchen und ihn an den Händen fassen. Dann bekamen wir drei Themen, über die wir zwei Minuten reden sollten:

1. *Was ist ein Traum von dir (etwa eine eigene Segelyacht, ein Pferd, eine Weltreise)?*
2. *Würdest du für deinen Lebenstraum einen (hässlichen) Kakerlaken zertreten?*
3. *Würdest du für deinen Lebenstraum einem (schönen) Schmetterling die Flügel ausreißen?*

Mich hat diese Übung nachhaltig beschäftigt, und ich kann nur jedem empfehlen, sie mit Freunden oder Kollegen einmal auszuprobieren. Jedesmal, wenn es um das Thema Schönheit geht, fällt sie mir wieder ein. Vor allem die Gefühle, die ich während der Übung hatte. Ich spürte einen Menschen an meinen Händen, und es fühlte sich angenehm an. Dieser Mann hatte eine sympathische Stimme, und auch was er sagte, gefiel mir. Ich wusste nicht, wie er aussieht – hat er Pickel, ist er drei Zentner schwer, hat er zwei Nasen? Ich wusste nur, dass das, was ich von ihm wahrnahm, für mich angenehm war. Seit diesem Seminar ist ein anderer Mensch für mich schön, wenn ich mich in seiner Gegenwart wohl fühle.

Die Schöpfer des schönen Scheins

»Mama, ich will so lange Haare wie Yvonne Catterfeld!« Die große Schwester will die Brüste von Britney Spears, und Mama will so schlank sein wie Catherine Zeta-Jones oder eines der Topmodels. Was schön ist und wie wir aussehen müssen, definieren die Medien. Sie schaffen Idole und Ideale, denen wir nacheifern (sollen). Das Problem: Die Bilder, die uns als Vorbilder serviert werden, haben mit natürlicher Weiblichkeit nichts zu tun.

Musikstars wie Christina Aguilera, Schauspielerinnen wie Sarah Jessica Parker, Moderatorinnen wie Nina Ruge, die Topmodels in den Werbespots und Modestrecken, sie alle kommen stark und selbstbewusst rüber. Andererseits sind viele von ihnen so dünn, dass man sich fragt, wie sie ein Livekonzert oder einen anstrengenden Tag vor der Kamera überhaupt durchstehen. Eine Frau kann NIE DÜNN GENUG sein – so lautet die absurde Maxime der Medienwelt.

Allen voran wiegen die Models immer weniger. Ihr Gewicht weicht zunehmend von dem der Durchschnittsfrau ab, ergaben verschiedene amerikanische Studien. Waren sie 1965 nur knapp zehn Prozent leichter, sind es heute bereits 23 Prozent. Ihr Body Mass Index (BMI, Seite 124) liegt zum Teil unter 18,5 – das gilt laut Weltgesundheitsorganisation WHO als unterernährt. Dass das angesagte Schönheitsideal vollkommen unrealistisch ist und sich mit der weiblichen Physis nicht vereinbaren lässt, interessiert nur leider niemanden. Nur zwei Prozent aller Frauen entsprechen den aktuell erwünschten Modelmaßen!

Sehr groß und untergewichtig, so sind Frauen von der Natur schlicht und einfach nicht vorgesehen. Noch dazu mit extrem ebenmäßigen Zügen ausgestattet, sind Models genetische Ausnahmeerscheinungen. Den übrigen 98 Prozent der Frauen wird in Werbeanzeigen und Zeitschriftenartikeln jedoch weisgemacht, sie könnten genauso aussehen, wenn sie nur hart genug an sich arbeiten und die richtigen Produkte kaufen. Tatsache ist hingegen, dass ein derart dünner Körper nur AUF KOSTEN DER GESUNDHEIT zu erreichen ist. Das gilt übrigens nicht nur für Normalfrauen, sondern auch für Promis und die meisten Models. Die Magersucht von Nicole Kidman, Calista Flockhart oder Céline Dion gilt als offenes Geheimnis. Der neue Stern am Model-Himmel, Karolina Kurkova, wiegt bei 1,85 Meter Größe gerade mal 50 Kilo. Was diese Frau wohl am Tag isst? Ex-Topmodel Carré Otis bekennt offen, ihre einstigen Catwalk-Maße mit Magersucht erkauft zu haben. Sie arbeitet inzwischen als Übergrößen-Model. Ihre Konfektionsgröße heute: 36/38!

ÜBUNG

Realitäts-Check

→ Gucken Sie sich allein oder mit Freundinnen in Zeitschriften Fotos von Models und Promis an. Gehen Sie dann ins Schwimmbad, in die Sauna oder ins Dampfbad und versuchen Sie, solche makellosen Körper zu finden. Wetten, Sie werden nicht einen entdecken! Normale Frauenkörper sind nicht perfekt. Kaum ein Schenkel oder Po ohne Dellen, stattdessen dicke Waden, Speckbäuchlein, zu kleine oder asymmetrische Brüste, unreine Haut. Trotzdem hat vermutlich jede Frau etwas, das Ihnen gefällt. Sie sehen, man muss nicht dem aktuellen Schönheitsideal entsprechen, um auf andere Menschen attraktiv zu wirken.

Der menschliche Makel

Glauben Sie wirklich, dass Models und Stars vollkommene Körper und Gesichter haben? Trösten Sie sich, NIEMAND IST PERFEKT. Nicht einmal die Ausnahmeschönheiten, die wir so beneiden. Weil wir das aber nicht merken sollen, wird kräftig geschummelt.

In Hollywood muss meist ein anderer ran, wenn's brenzlig wird. Was in Actionszenen der Stuntman, ist bei Nahaufnahmen das Bodydouble. Hat eine Schauspielerin zwar ein tolles Gesicht, aber Cellulite, kommt in Sexszenen ein besser gebauter Ersatzkörper zum Einsatz und hält Hintern, Bauch, Busen oder die Beine in die Kamera.

Auch an Models ist nicht immer alles Marke Eigenbau. Da wird auf einem Foto, der Computertechnik sei Dank, ein Fuß Größe 41 mal eben gegen ein kleineres Modell ausgetauscht oder eine schmalere Taille aufs Titelfoto montiert.

Werden für Werbespots oder Anzeigen Detailaufnahmen gebraucht, schlägt die Stunde der Speciality Models. Ihr Kapital sind perfekte Lippen, edel geformte Finger oder Zehen wie appetitliche kleine Shrimps. Den Rest der Frau bekommen wir nie zu Gesicht. Aber wir gehen wie selbstverständlich davon aus, dass zu diesen Gliedmaßen ein Claudia Schiffer-Gesicht und ein Körper à la Heidi Klum gehören. Reingefallen!

Vom Entlein zum Schwan

Okay, hässlich sind Schauspielerinnen, Musikstars und Models nicht. Aber wir alle kennen Paparazzi-Fotos von Britney Spears mit verquollenen Augen, Naomi Campbell mit Cellulite oder Cameron Diaz mit Pickeln. Auf solchen Fotos sieht kein Star wie ein Star aus, sondern wie die Frau von nebenan. Was wir auf Hochglanzfotos, in Videoclips und Filmen zu sehen bekommen, ist das Ergebnis stundenlanger Ver-

Selbst ich wache nicht morgens auf
und sehe aus wie Cindy Crawford,
glauben Sie mir! Die perfekte Cindy,
die Sie von Fotos kennen, ist das Werk
professioneller Visagisten und Stylisten.

[Cindy Crawford, *amerikanisches Ex-Supermodel*]

wandlungsarbeit. Für jedes Fotoshooting, jede Filmszene werden Stars und Models von Mode- und Make-up-Stylisten zu dem gemacht, was sie später für uns sind: perfekte Schönheiten. **KEINE NORMALE FRAU WÜRDE SO EINEN LOOK HINKRIEGEN.** Die Berufsschönen selbst übrigens auch nicht. Beim Shooting oder Dreh wird tief in die Trickkiste gegriffen, mit Perspektiven gespielt, mit Licht kaschiert und so weiter.

Jede Wette: Wenn Sie sich von einem Profiteam stylen und schminken lassen und ein Topfotograf ein paar Filme von Ihnen verschießt, erkennen Sie sich auf dem einen perfekten Foto, das am Ende übrig bleibt, selbst nicht wieder. Wer schon mal bei einer Vorher-Nachher-Geschichte für eine Frauenzeitschrift mitgemacht hat, kennt diesen Aha-Effekt.

Mogeleien mit der Maus

Sie fühlen sich veräppelt? Es kommt noch besser: Weil auch das perfekteste Foto nicht perfekt genug ist, werden alle Bilder, die wir in Zeitschriften und Werbeanzeigen zu sehen bekommen, am Computer nachbearbeitet. Sie würden staunen, was da alles möglich ist! Pickel, Poren, Augenränder, Besenreiser, blaue Flecke, Schwangerschaftsstreifen – das alles lassen Grafiker mit einem Mausklick verschwinden.

Glatte Beine, babyzarte Haut, ein fester Po oder eine schlanke Taille – am digitalisierten Foto eine Sache von Sekunden. Zum Teil sitzen die Profis aber auch tagelang an einem Bild. Das gilt vor allem für Fotos, die auf dem Titel einer Zeitschrift erscheinen. An allem wird gefeilt, bis wir das Cover am Kiosk zu sehen bekommen: am Teint des Models, an der Farbe der Lippen, des Hintergrunds oder der Klamotten.

Einigen Stars ist die Manipulation an ihrem Körper inzwischen ein Gräuel. Die Schauspielerin Kate Winslet etwa erkannte auf dem Cover der britischen »GQ«-Ausgabe ihre eigenen Beine nicht wieder: »Ich bin stolz auf meine muskulösen, starken Beine und Hüften«, schimpfte sie. »Ich wollte nie so dünn aussehen.« (»Brigitte« 13/2003)

Auch ihre Kollegin Jamie Lee Curtis (Jahrgang 1958) hatte genug von der Mogelei und ließ sich in Unterwäsche fotografieren, wie Gott sie schuf, samt Hüftspeck und Orangenhaut. Vor der Veröffentlichung verbat sie sich jede Retusche. »Damit andere 40-jährige Frauen endlich aufhören, irgendwelchen unrealistischen Traumbildern nachzueifern!« (»Glamour« 25/2003) Danke Jamie!

» Am liebsten spiele ich Rollen, in denen ich nicht schön sein muss. Dann denken die Leute, wenn sie mich auf der Straße sehen, wenigstens nicht: Ach, und die wollen sie uns im Film als hübsch verkaufen? «

[Minnie Driver, *amerikanische Schauspielerin*]

Erfahrungsbericht

Britta, 38, Grafikerin

Die Frauen werden – auf Deutsch gesagt – richtig verarscht. Ich glaube kaum, dass sich jemand bewusst macht, dass es die Körper, die wir in den Zeitschriften sehen, so überhaupt nicht gibt.

1

Nach jedem Fotoshooting werden die Bilder in den Computer gescannt und bearbeitet. Unglaublich, was da alles verändert und getürkt wird. Es gibt kein Bild, wo nichts retuschiert ist. Zum Beispiel wird ein Filter draufgelegt, das gibt dem Foto eine kalte oder warme Anmutung. Wenn du zum Beispiel einen rot-gelben Filter drauflegst, dann sieht das Model aus, als würde es gerade aus dem Urlaub kommen, total braun. Dann werden Details am Körper verändert. Zum Beispiel wird die Bikinizone retuschiert, damit alles ganz glatt ausschaut. So eine Bikinizone hat keine normale Frau.

Leberflecke oder Pickel werden einfach weggemacht. Heidi Klum zum Beispiel hat Sommersprossen, die siehst du auf Fotos nie. Den wirklichen Hintern von Jennifer Lopez oder die natürlichen Beine von Julia Roberts hat auch noch keine von uns zu Gesicht bekommen. Wenn die Augen nicht richtig strahlen, dann mach ich den Hintergrund anders und helle das Augenweiß ein bisschen auf. Oder ich kann einem Gesicht mehr Ausdruck geben, indem ich die Augenbrauen auffülle. So kann man ewig weitermachen.

Obwohl ich weiß, wie stark Bilder bearbeitet werden, merke ich, dass auch ich beim Anschauen von Zeitschriften immer wieder drauf reinfalle. Ich denke, wow, hat die tolle Beine. Es ist so blöd, dass wir nicht begreifen, dass es diese Welt, die uns in Zeitschriften verkauft werden soll, gar nicht gibt. Andererseits zwingt uns keiner, diesen Wahn mitzumachen oder uns solche Magazine zu kaufen.

Die Medien als Zerrspiegel

Die Schummeleien der Bildermacher wären nicht weiter schlimm, hätten sie nicht für viele Frauen dramatische Folgen. Vor allem junge und mittelalte Frauen lassen sich in Sachen Aussehen von den Medien beeinflussen, so das Ergebnis einer Studie des Sexualwissenschaftlers Norbert Kluge von der Universität Koblenz-Landau (2001). Mit verheerenden Folgen für ihr Selbstbewusstsein. Neben den superschlanken Körpern der Models und Glamourstars empfinden viele Frauen ihre **DURCHSCHNITTSFIGUR ALS HÄSSLICH**. Der eigene Körper wird zum Gegner, der mit allen Mitteln – im Extremfall einer Essstörung – auf XXS-Format gebracht werden soll. Fast schon zynisch, dass die Bilder, an denen die Frauen sich orientieren, reine Kunstprodukte sind.

Rollenwechsel: vom Opfer zur Genießerin

Wir haben nichts gegen Frauen- und Modezeitschriften, das Fernsehen oder Klatschmagazine. Auch wir blättern und zappen mit dem größten Vergnügen. Aber: Uns kommt es darauf an, diese Medien richtig zu nutzen. Und zwar als Unterhaltung, nicht als Vorlage für das eigene Leben. Als Anregung, nicht als Autorität. Modefotos zum Beispiel sind kein »du musst«, sondern ein »du kannst« – eine Option, keine verbindliche Zielvorgabe. Sie können uns zu einem Look für die nächste Party oder zu neuen Farbkombinationen inspirieren. Ansonsten lässt man die kunstvollen Fotos am besten auf sich einwirken wie ein Gemälde. Denn wer sie so anschaut, kann die ästhetischen Bilder genießen, ohne sich unter Druck gesetzt zu fühlen. Vergessen Sie nie: **DIE MEDIENWELT IST EINE SCHÖNE ILLUSION** – nicht mehr und nicht weniger.

Goldesel Schönheit

Sie haben jetzt eine Menge darüber gelesen, wie wichtig Schönheit in unserer Gesellschaft ist und wie von den Medien unerreichbare Schönheitsideale kreiert werden. Haben Sie sich eigentlich schon einmal Gedanken darüber gemacht, wer am meisten davon profitiert, dass Frauen in Sachen Aussehen so unter Druck gesetzt werden und ständig unzufrieden mit sich sind? Sie brauchen nur zu schauen, wohin das viele Geld fließt, das wir in unsere Schönheit investieren.

Cremes duften herrlich, Lotions tun der Haut gut, mit Lippenstift fühlen wir uns verführerisch. Stimmt! Glaubt man der Werbung, schenkt Kosmetik uns EWIGE, MAKELLOSE SCHÖNHEIT und Glamour. Stimmt nicht! Noch jünger, noch straffer, noch strahlender – die Beauty-Branche verspricht uns das Blaue vom Himmel herunter: Ein Spritzer Parfüm, und wir sind sexy wie Kate Moss. 80 Prozent weniger Falten nach einem Monat, jünger aussehen in drei Tagen, nie wieder Pickel oder müde Augen. Die versteckte Botschaft: Du bist nicht okay, aber wir helfen dir, das in den Griff zu kriegen. Anders ausgedrückt, wenn du nicht unsere Produkte kaufst, siehst du hässlich und alt aus. Es funktioniert: Weltweit geben Frauen Milliarden aus, um optisch mithalten zu können. Dabei wird die Wirksamkeit vieler Kosmetika von Experten stark bezweifelt.

» FAKTEN	Jährlicher Umsatz der Kosmetikbranche weltweit
	15 Milliarden Dollar für Düfte
	18 Milliarden Dollar für Make-up
	24 Milliarden Dollar für Hautpflege
	38 Milliarden Dollar für Haarpflege

Quelle: Goldmann Sachs

1

Damit wir auch weiterhin unser Geld in Parfümerien und Drogeriemärkte tragen – laut Statistischem Bundesamt gaben die Deutschen 2002 stolze 17,4 Milliarden Euro für Kosmetikartikel und Körperpflegemittel aus –, tüfteln tausende Wissenschaftler in den Labors der großen Konzerne an immer neuen Formeln und Rezepturen. Für noch glattere Haut, noch weniger Falten, noch mehr Schönheit.

Eine goldene Nase für den Doc

Fast wäre es vorbei gewesen mit dem Porsche und der Villa auf Mallorca. In Zeiten von Gesundheitsreform und Sparzwang kommt da so manchem Arzt das Thema Schönheit gerade recht. Denn damit lässt sich richtig Geld verdienen. Weit ÜBER EINE MILLIARDE EURO geben Patienten in Deutschland nach Schätzungen jährlich für kosmetische Eingriffe aus. Mit Silikonbusen, Lidstraffung und Fettabsaugen verschaffen Ärzte sich selbst ein neues Organ – eine goldene Nase. Nur mal zum Vergleich: In der Zeitschrift »Max« war zu lesen, dass Ärzte an öffentlichen Kliniken mit einem Jahresgehalt von rund 36 000 Euro einsteigen. Privat praktizierende Kollegen im Schönheitssektor streichen dagegen bis zu 500 000 Euro jährlich ein!

Und nicht alle, die an unserem Körper herumschneiden, sind vom Fach. Nach Berichten im »Spiegel« (41/2002) und in »Emma« (01/2003) führt neben den wenigen hundert plastischen Chirurgen in Deutschland, die ihr Handwerk ordentlich gelernt haben, eine unüberschaubare Zahl von Gynäkologen, Zahnärzten, Orthopäden, Dermatologen, Endokrinologen und Hals-Nasen-Ohren-Ärzten Schönheitsoperationen durch. Oft genug beschränkt sich deren Ausbildung auf Wochenendkurse. Da kann schon mal was schief gehen, aber Hauptsache, die Kasse stimmt.

Für Schönheit, die von innen kommt, ist die so genannte Lifestyle-Medizin zuständig. Pharmakonzerne verdienen Rekordsummen mit Appetitzüglern, Abführmitteln, Diätnahrungsmitteln, Antifalten-Präparaten, Schönheitsvitaminen für Haar, Haut und Nägel und Anti-Aging-Hormonen. Als äußerst lukrativ erweist sich auch der Vertrieb von Materialien für schönheitschirurgische Eingriffe. Deutsche und amerikanische Unternehmen vermelden zum Teil zweistellige Umsatzsteigerungen mit Silikonkissen oder mit dem Nervengift Botox.

Fazit: Wir sagen nicht, kauf keine Kosmetik und geh nicht zum Schönheitschirurgen. Aber denken Sie daran, DIE SCHÖNHEITSINDUSTRIE LEBT DAVON, DASS FAST JEDE FRAU MIT IHREM AUSSEHEN HADERT, und ist nur auf eines aus: Ihr Geld!

→ AUF EINEN BLICK

Das merke ich mir

- → Schöne Menschen sind beim ersten Eindruck oft im Vorteil. Doch mindestens so wichtig sind gutes Auftreten, Kompetenz und eine sympathische Art.
- → Wenn ich so schlank sein will wie ein Model, Musik- oder Hollywood-Star, setze ich meine Gesundheit aufs Spiel.
- → Die perfekten Körper und Gesichter, die ich in Zeitschriften sehe, gibt es in Wirklichkeit nicht!
- → Wenn ich mit meinem Aussehen unzufrieden bin, hat nur eine was davon: die Schönheitsindustrie.
- → Ich nutze Frauenzeitschriften und Modemagazine zur Unterhaltung und Inspiration. Ich kaufe Kosmetik, um mich wohl zu fühlen und mich zu verwöhnen. Aber ich lasse mich von falschen Vorbildern nicht unter Druck setzen!

2. Schritt
Mein Körper:
Freund oder Feind?

→ Kleine Mädchen finden ihr Aussehen in Ordnung, so wie es ist. Sie alle fühlen sich wie hübsche Prinzessinnen. Doch fast jede erwachsene Frau hat etwas an sich auszusetzen. Nur wenige trauen sich zu sagen: Ich bin schön! Woran liegt das bloß? Der Schlüssel zum weiblichen Selbstbewusstsein ist ein persönlicher Schönheitscode. Er bestimmt, ob wir uns in unserem Körper wohl fühlen oder nicht.

Der kritische Blick auf uns selbst

Ich muss unbedingt abnehmen! Fällt Ihnen eine Frau ein, von der Sie diesen Satz noch nie gehört haben? Vermutlich nicht. Wir jedenfalls kennen keine – uns selbst eingeschlossen. Und verfluchen Frauen mal nicht diese verdammten fünf Kilo zu viel, gibt es ja noch all die anderen optischen Defekte, über die man sich beschweren kann: falsch geformte Brüste und Pos, unebene Schenkel, zu große Nasen, schlaffe Oberarme, zu glattes oder zu gewelltes Haar – die MÄNGELLISTE ist schier endlos. Was ist bloß mit den Frauen los? Gibt es denn nicht eine, die rundum zufrieden mit ihrem Körper ist?

Offenbar nicht. Wissenschaftliche Untersuchungen bestätigen den Eindruck, dass man sich um das weibliche Selbstbewusstsein in Sachen Schönheit Sorgen machen muss. Bei einer Forsa-Umfrage im Jahr 2002 fanden nur 39 Prozent der befragten Frauen ihr derzeitiges Gewicht akzeptabel. 43 Prozent träumten von fünf bis zehn Kilo weniger auf den Rippen. Die bereits zitierte Studie der Universität Koblenz-Landau (2001) zeigt, dass nicht nur übergewichtige Frauen, sondern teilweise auch normal- und sogar untergewichtige Frauen mit ihrer Figur und ihrem Gewicht unzufrieden sind. Eine Umfrage der Frauenzeitschrift »Freundin« (2003) hat außerdem ergeben: Jede dritte Frau zwischen 20 und 40 würde sich sofort operieren lassen, wenn sie das Geld dazu hätten.

Lenkt man in einer vertraulichen Frauenrunde das Gespräch auf das Thema Aussehen, offenbart sich das ganze Ausmaß weiblicher Unsicherheit. Selbst wenn man keine der Anwesenden auch nur annähernd als unansehnlich bezeichnen kann, ist keine frei von Scham wegen ihres Körpers. Ein hängender Busen, ein gewölbter Bauch, Falten, auffallende Muttermale, Oberschenkel mit Cellulite, die bei jedem Schritt wie Götterspeise vibrieren – wie hässlich! Die Scham über die optische Unzulänglichkeit führt zu den merkwürdigsten Verhaltensweisen: Manche Frauen essen den ganzen Tag nichts und schwören hoch und heilig, keinen Hunger zu haben. Einige gehen inkognito ins Fitnessstudio und nie mit Freunden schwimmen, weil dort die tarnenden Hüllen fallen. Nach dem Sex verlassen viele das Zimmer nur bei Dunkelheit oder im Rückwärtsgang. Wieder andere würden sich nie auf einen Mann aus dem Freundeskreis einlassen, weil der nach der Trennung die körperlichen Mängel öffentlich machen könnte. Und geschätzte 90 Prozent aller Frauen gehen die meiste Zeit mit eingezogenem Bauch durchs Leben.

Und dann wäre da noch die seltsame Art, sich im Spiegel wahrzunehmen. Wir sehen wie unter einem Vergrößerungsglas Fettschichten, Besenreiser, tiefe Furchen im Gesicht, eine zu breite Taille oder Knubbelknie – den Rest des Körpers blenden wir einfach aus, schöne Partien oder Details ignorieren wir. Keinen anderen Menschen würden wir so lieblos betrachten wie uns selbst!

Schön ist längst nicht schön genug

Sieht die toll aus! Das heißt aber noch längst nicht, dass die so Gepriesene selbst ihren Körper toll findet. Das Phänomen kennt jede von uns: Da ist diese eine Mitschülerin, diese eine Kollegin, diese eine Freundin, die alle um ihre Figur beneiden. Trotzdem steht diese Person regelmäßig vor uns und stimmt das »Ich muss unbedingt abnehmen«-Klagelied an. Zum Beweis zieht sie 0,5 Zentimeter Haut aus ihrem straffen Bauch – »Guck mal hier, das eklige Fett!« Reine Provokation? Eher selten. Schöne Frauen werden genauso von Unsicherheit und Selbstzweifeln gefoltert wie jede Durchschnittsfrau. Da helfen alle

Komplimente nichts. Bewunderung von außen kann eine negative Selbstwahrnehmung nicht in eine positive umkehren.

Sogar Stars, die in den Medien für ihre Schönheit gefeiert werden, finden immer noch Stellen an ihrem Körper, an denen sie etwas auszusetzen haben. Selbst sie sind sich ihrer Attraktivität nicht wirklich sicher. Die singende Schauspielerin Jennifer Lopez etwa findet ihre Fesseln zu dünn. Und die deutsche Pop-Wiedergängerin Nena antwortete in der Frauenzeitschrift »Allegra« (09/2003) auf die Frage, ob sie eine Problemzone habe: »Und ob: meinen Popo. Wann immer in Zeitschriften etwas wie ›Straffer Po in drei Tagen‹ steht, kaufe ich mir die. Ich möchte auch so einen schlanken Popo haben wie diese ganzen Models.« Aber selbst die sind oft nicht glücklich mit sich. Wohl keine Frau leidet mehr unter einer ausgeprägten Fettphobie als die superschlanken Berufsschönen. Die Angst, nicht schön und schlank genug für die Kameras zu sein, löst bei Prominenten und Models im schlimmsten Fall Depressionen und Essstörungen aus. Bekannte Beispiele sind das Ex-Spice-Girl Geri Halliwell und Prinzessin Diana.

Als junges Mädchen fühlte ich mich hässlich, linkisch und etwas zu mollig. Dazu kam zu allem Überfluss noch eine Zahnspange. Ja, ich war eher der Typ ›hässliches Entlein‹.

[Liv Tyler, *amerikanische Schauspielerin*]

Wende

Pubertät

Wissen Sie noch? Auch Sie haben garantiert Lob und Süßigkeiten geerntet, wenn Sie als Kind besonders niedlich aussahen. Von frühester Kindheit an erleben wir, dass uns ein ansprechendes Äußeres mehr als alles andere die Anerkennung der Umwelt einbringt. Bei Familienfesten, im Kindergarten, in der Schule, auf dem Spielplatz. Wir lernen so von klein auf, unsere IDENTITÄT ÜBER UNSER AUSSEHEN zu definieren. Weil »schön« in unserer Gesellschaft gleich »schlank« ist, fangen die Kids heute immer früher damit an, sich kritisch zu beäugen und an ihrer Figur zu arbeiten. Unglaublich, aber wahr: Unter den Sieben- bis Zehnjährigen macht jede Vierte Diäten, zitiert »Emma« (01/2003) das Therapie-Centrum für Ess-Störungen (TCE) des Münchner Max-Planck-Instituts für Psychiatrie. Der lebenslange Kampf um Schönheit ist eröffnet.

2

Trotzdem ist unser Selbstbewusstsein in diesem Alter noch intakt. In einer Studie der »American Association of University Women« bestätigten zwei Drittel der teilnehmenden unter Zehnjährigen die Aussage »Ich bin zufrieden mit mir, wie ich bin«. Doch nur noch ein knappes Drittel der befragten weiblichen Teenager stimmte diesem Statement zu. Mit EINTRITT IN DIE PUBERTÄT ändert sich die Selbsteinschätzung von Mädchen demnach dramatisch. Auch in einer Studie des Sozialwissenschaftlers Klaus Hurrelmann von der Universität Bielefeld gaben 44 Prozent der befragten Mädchen zwischen 12 und 14 Jahren an, in jeder Hinsicht äußerst unzufrieden mit sich zu sein.

Das Selbstbewusstsein in Sachen Aussehen ist von diesem EGO-CRASH besonders betroffen. Der Grund sind die körperlichen Veränderungen. In der Kindheit haben Mädchen gelernt, dass ihre äußere Erscheinung eine wichtige Rolle spielt, und nun das: Die Hüften werden breiter, die

Taille wird voller, die Brüste entwickeln sich, das Gewicht nimmt zu – der ganze Körper scheint außer Kontrolle. Gleichzeitig orientieren sich Teenager heute mehr denn je an Vorbildern aus den Medien. Die Mädchen glauben, wenn ich erst dünn bin wie Jeanette Biedermann oder Christina Aguilera, dann werde ich geliebt und bewundert. Laut Therapie-Centrum für Ess-Störungen wollen 90 Prozent der weiblichen Teenager abnehmen.

Als Kind wusste ich nicht einmal,
dass ich übergewichtig bin,
bis es mir jemand sagte. Ich hasse es,
dass dein Selbstwert daran gemessen wird,
wie viel du wiegst.

[Jennifer Aniston, *amerikanische Schauspielerin*]

Angeheizt wird die Unsicherheit pubertierender Mädchen durch Kommentare aus ihrer Umgebung. Freundinnen hänseln sie wegen des zu dicken Bauchs, der Vater mokiert sich über den »Babyspeck«, die Mutter mahnt zur Zurückhaltung beim Essen. Die meisten Bemerkungen beziehen sich auf die wachsenden Brüste. Den eh schon verunsicherten Mädchen macht das schwer zu schaffen. Supermodel Laetitia Casta erzählt im Interview mit »Marie Claire« (07/2002): »Als meine Brüste anfingen zu wachsen, war ich noch völlig unvorbereitet. Ich war ein Kind mit einem Frauenkörper.« In der Schule beugte sie immer ihre Schultern vor, damit man ihre Brüste nicht sieht. »Ich war deshalb mit meiner Mutter sogar beim Arzt, der mir sagte: ›Halten Sie sich gerade, Sie müssen sich nicht schämen!‹« **DIE SCHÖNHEITSFALLE HAT ZUGESCHNAPPT.**

Der Schönheitscode

Warum finde ich mich zu dick?
Warum glaube ich, dass Männer große Brüste mögen?
Warum gehe ich nie ungeschminkt aus dem Haus?
Warum trage ich am liebsten Röcke?
Warum verstecke ich meine Sommersprossen unter einer dicken Make-up-Schicht?
Warum ziehe ich so gerne sexy Oberteile an?
Warum wage ich mich nicht an roten Lippenstift?
Warum macht es mir nichts aus, wenn andere mich nackt sehen?
Warum mag ich meine Beine nicht?
Warum würde ich mir nie ein Piercing machen lassen?

2

Woher stammen all meine Überzeugungen über Schönheit und meinen Körper? Die Antwort lautet: Jede Frau hat einen ganz persönlichen Schönheitscode. Dieser Code entscheidet, ob wir uns schön finden oder unseren Körper ablehnen. Was wir an uns und anderen mögen und was uns missfällt. Ist unser Schönheitscode positiv, gehen wir mit einem gesunden Selbstbewusstsein durchs Leben. Ist er negativ, kann uns nichts auf der Welt davon überzeugen, dass wir gut aussehen. Kein Mann, kein Seminar, keine Schönheitsoperation. Immer werden wir uns ungenügend, zu fett, zu hässlich finden. Um so wichtiger für jede Frau, ihren ganz persönlichen Schönheitscode zu knacken.

Von Geburt an saugen wir wie ein Schwamm alle Informationen auf, die von außen auf uns einströmen. All diese positiven und negativen Erfahrungen und Erlebnisse werden in einer Art innerem Drehbuch niedergeschrieben. Sie prägen unsere Vorlieben und Abneigungen, unsere Einstellungen und unser Verhalten gegenüber anderen

Menschen, unseren Glauben über unsere Fähigkeiten, unseren Körper und unser Aussehen, sprich, sie haben Einfluss auf unsere gesamte Identität.

Etwa bis zum 13. Lebensjahr ist dieses innere Drehbuch fertig geschrieben. Und mit ihm unser individueller Schönheitscode. Er bestimmt von nun an, ob wir uns in unserem Körper wohl fühlen oder nicht.

In die Wiege gelegt

Unsere wichtigsten Bezugspersonen in der Kindheit waren in der Regel die Eltern. Durch sie haben wir die stärkste Prägung erfahren. Wer seinen Schönheitscode entschlüsseln will, muss sich deshalb unter anderem folgende Erinnerungen ins Gedächtnis rufen: **WIE STAND MEINE MUTTER ZU IHREM KÖRPER?** Was genau gefiel ihr daran, was mochte sie nicht? Welches Verhältnis hatte sie zu Kosmetik, Körperpflege und Kleidung? Legte sie Wert auf gutes Aussehen? Hat sie sich speziell für Männer schön gemacht oder für sich selbst? Bekam sie von meinem Vater Aufmerksamkeit und Wertschätzung für ihr Aussehen? Wie hat er sich über das Aussehen anderer Frauen geäußert? Welche Tabus gab es in meiner Familie zum Thema Körperlichkeit, Kleidung und Schminken?

All das hatte großen Einfluss darauf, wie Sie heute mit dem Thema Schönheit umgehen und was für ein Körperbewusstsein Sie entwickelt haben.

Ganz die Mutter…

Ob es uns gefällt oder nicht, unsere Mutter hat – mal bewusst, mal unbewusst – kräftig an unserem Schönheitscode mitgeschrieben. Zum einen durch das, was sie uns in Sachen Schönheitspflege, Körperverständnis und Selbstwertgefühl vorgelebt hat. Und zum anderen dadurch, wie sie mit uns umgegangen ist, was sie über unser Aussehen gesagt hat und was sie uns über das Leben in einem Frauenkörper erzählt und erklärt hat.

Meine Mutter hat immer gesagt, dass ich schön bin. Klar habe ich einen fetten Hintern. Aber ich bin stolz, Vorbild für kurvige Frauen zu sein.

[Jennifer Lopez, *amerikanische Schauspielerin und Popstar*]

2

Machen Sie eine Zeitreise zurück in Ihre Kindheit und frühe Jugend. Welches Verhältnis zu Ihrem Aussehen und Ihrem Körper hat Ihre Mutter Ihnen vermittelt? Erinnern Sie sich: Hatten Sie viel Körperkontakt? Hat Ihre Mutter Sie gerne berührt und gestreichelt? Hat sie großen Wert auf Ihre Kleidung gelegt und Sie herausgeputzt wie eine Puppe? Hat sie Ihnen das Gefühl gegeben, dass alles an Ihnen richtig und gut ist, wie es ist? Oder hat sie gesagt, dass man etwas an Ihnen ändern müsste, die Haarfarbe zum Beispiel? Wie hat sie die Veränderungen Ihres Körpers kommentiert, als Sie in die Pubertät kamen? Ist sie mit Ihnen den ersten BH kaufen gegangen? Wie hat sie reagiert, als Sie zum ersten Mal Ihre Periode hatten? Was hat sie gesagt, als Sie zum ersten Mal mit Make-up experimentiert haben? Hat sie Ihnen Tipps gegeben oder Schminken grundsätzlich verboten? Hat Ihre Mutter Ihnen gesagt, was sie an Ihnen schön findet? Hat sie Ihnen oft gesagt, Sie müssten abnehmen?

Sicher, das sind ziemlich viele Fragen auf einmal, aber darüber nachzudenken lohnt sich. Denn die Antworten sagen viel darüber aus, warum Sie sich in Ihrer Haut wohl oder im Gegenteil so ganz und gar unwohl fühlen.

Erfahrungsbericht

Annette, 52, Mutter von Laura

Ich werde immer zehn bis zwölf Jahre jünger geschätzt, als ich bin. Ich glaube, mein Rezept ist, dass ich mich und meinen Körper mag.

Meine zwei Schwestern und ich hatten eine Mutter als Vorbild, die sich schön fand. Sie mochte ihren Körper und empfand es als Geschenk, Kinder kriegen zu können. Obwohl man ihrem Bauch die insgesamt sieben Geburten ansah, war sie immer in ihrem Körper zu Hause. Das hat sie an uns weitergegeben.

Meine Mutter hat sich nicht viel geschminkt, aber wenn sie mal Lippenstift aufgelegt hat, war das ein kleines Erlebnis. Ich konnte fühlen, dass sie sich für sich selbst schön macht, nicht für andere. Sie hat anderen Menschen oft Komplimente gemacht. Auch uns hat sie gesagt, das steht dir gut, das sieht wunderbar aus. Wir haben von unseren Eltern auch viel über natürliche Körperlichkeit mitbekommen. Wie wohltuend es ist zu schwimmen, sich zu bewegen – sie haben uns das gut vorgelebt. Ich konnte von Anfang an eine Einheit mit meinem Körper bilden, weil ich nie Ablehnung für ihn oder mein Aussehen erfahren habe.

Ich denke, deshalb konnte ich auch meiner Tochter ein gesundes Körperbild mitgeben. Mädchen nehmen ihr Aussehen doch nur dann übertrieben wichtig, wenn sie von außen verunsichert werden. Ich glaube, meine Tochter trägt ein gefestigtes Fundament in sich und hat sich deswegen auch nie durch andere verunsichern lassen. Obwohl sie klein und kräftig ist. Ich weiß noch, wie sie mal aus der Schule kam und die Mädchen sich übers Dünnsein und Modeln unterhalten hatten. Sie hat gesagt, ich hab gehört, die essen dann nicht mehr, und das find ich blöd, ich ess doch viel zu gern. Ich habe meinen beiden Kindern immer das Gefühl gegeben, dass ich sie in Ordnung finde, so wie sie sind. Ich glaube, dieses Gefühl kann man schlecht vermitteln, wenn man sich selbst nicht mag. Weil meine Mutter sich schön fühlte, konnte ich mich schön fühlen, und deswegen fühlt sich auch meine Tochter heute schön. Danke Mutter!

Erfahrungsbericht

Laura, 18, Tochter von Annette

Meine Mutter sagt total oft, dass sie mich schön findet. Oder sie sagt, was sie an mir mag, zum Beispiel wenn ich die Haare zurückmache. Ich glaube nicht, dass jede Mutter so mit ihrer Tochter redet. Und ich glaube, deswegen können viele Mädchen keine Komplimente annehmen. Ich habe eine Klassenkameradin, die glaubt nie, wenn ihr jemand sagt, dass er sie hübsch findet. Sie fühlt sich einfach nicht hübsch, obwohl sie echt gut aussieht. Auch andere Mädchen, die ich kenne, nörgeln die ganze Zeit an sich herum und sagen ständig, ich bin zu dick, ich darf das nicht essen und so weiter. Die wollen immer von einem hören, nein, das stimmt doch nicht. Dabei sind sie wirklich überhaupt nicht dick.

Bei mir ist es so, dass ich im Winter immer ein bisschen mehr wiege als im Sommer. Und wenn schon. Wenn ich zunehme, fällt das eh nur mir auf, die anderen merken das gar nicht. Und mich stört das nicht. Ich mach dann keine Diät oder so, um wieder abzunehmen. Ein paar Kilo mehr belasten mich nicht. Ich bin trotzdem glücklich.

Ich hab erst spät angefangen, mich zu schminken. Ich benutze Wimperntusche, weil mir meine Wimpern dann noch besser gefallen, und ich finde, ich habe total schöne Wimpern. Im Sommer geh ich aber meistens ohne, weil ich oft beim Schwimmen bin. Was mir total Spaß macht, ist, mich mit einer Freundin, bevor wir weggehen, ewig lang zu beraten, was wir anziehen, die Haare aufzudrehen, uns zu schminken. Das ist wie ein gemeinsames Ritual. Das liebe ich!

Bei so was merkt man aber auch, dass es unter Frauen viel Eifersucht gibt.

2

Wenn wir mit mehreren Freundinnen zusammen sind und uns fürs Weggehen fertig machen, gibt's öfter Gezicke. Die eine hat ein cooles T-Shirt an, und die andere sagt, das sieht aber nicht gut aus. Damit die andere sich in ihrem T-Shirt bloß nicht gut fühlt, obwohl ihr das Teil super steht. Mir ist ziemlich egal, was andere über mein Aussehen sagen. Ich merke, dass ich eine gute Ausstrahlung habe, und ich glaube, es liegt daran, dass ich mich mit mir super wohl fühle.

Papas Liebling

Ob wir bei Papa ankamen oder nicht und wie er unser Aussehen kommentierte, hat starken Einfluss auf unsere Selbstwahrnehmung. Hollywood-Schauspielerin Jennifer Aniston antwortete in einem »Allegra«-Interview (02/2003) auf die Frage, wie sie sich als Teenager fand: »Extrem hässlich! Mein Vater sagte immer, ich hätte einen Arsch, auf dem man Tee servieren könne.«

Zu Beginn der Pubertät ziehen viele Väter sich von ihren Töchtern zurück. Sie wissen nicht, wie sie mit der Verwandlung vom niedlichen Mädchen in eine verführerische junge Frau umgehen sollen. Wie war das bei Ihrem Vater? Hat sich sein Verhalten verändert, als Sie in die Pubertät kamen? Hat er Ihnen das Gefühl gegeben, dass Sie okay sind? Hat er Ihnen Komplimente gemacht? Oder hat er Sie mit abwertenden Bemerkungen über Ihren Körper oder Ihr Aussehen verunsichert?

Andere Vermächtnisse

Der fiese Spruch der Sportlehrerin, das Kompliment des Bruders, die Hänseleien der Klassenkameraden, alles, was wir bis etwa zum 13. Lebensjahr von Menschen aus unserem direkten Umfeld zu hören bekommen, schlägt sich in unserem Schönheitscode nieder. Großeltern, Geschwister, Trainer, Freunde, Nachbarn – sie alle hinterlassen SPUREN IN UNSEREM INNEREN DREHBUCH und damit in unserem Selbstverständnis in Sachen Schönheit. Einige der Schlüsselsätze, die wir damals gespeichert haben, stärken bis heute unser Selbstwertgefühl wie gute Zaubersprüche. Andere liegen auf uns wie ein Fluch.

Erfahrungsbericht

Ruppert, 59, Vater von zwei Töchtern

Ich habe meine Frau immer als schön empfunden, und meine beiden Töchter finde ich ebenfalls schön. Ja, ich habe schöne Töchter. Ich sag das jetzt nicht mit diesem Vaterstolz, meine Kinder sind die schönsten der Welt. Nein, für mich sind sie wirklich schön. Meine Töchter sind vom Typ her sehr verschieden, und ich finde sie beide fantastisch. Die Kleine habe ich immer als die »Hübschi« bezeichnet. Sie ist mehr der Typ Püppchen. Die Große entspricht weniger dem allgemeinen Schönheitsideal. Sie ist einszweiundachtzig groß und hat härtere Gesichtszüge als die Kleine. Ich würde sie trotzdem als die Schönere bezeichnen, weil sie mehr Charakter in der Physiognomie hat. Ich habe meinen Töchtern immer Komplimente gemacht. Ich denke, dass sie über ein positives Grundgefühl verfügen. Obwohl ich natürlich immer mal wieder erlebt habe, dass sie etwas an sich auszusetzen hatten. Die beiden sind jetzt 22 und 25 Jahre alt. Ich habe festgestellt, dass bei vielen Frauen eine Wandlung geschieht, je älter sie werden. Die Phasen, in denen sie sich nicht so schön oder gar hässlich finden, die werden mit zunehmendem Alter weniger.

Zauberspruch oder Fluch?

Auch Sie haben Flüche oder aber gute Zaubersprüche mit auf den Lebensweg bekommen. Wenn die Menschen, die Sie erzogen haben, unglücklich, ängstlich, voller Schuldgefühle oder aggressiv waren, haben Sie eine Menge negativer Dinge über sich und Ihre Umwelt gelernt. Wie stark all diese Vorurteile, Dogmen, Ängste und Verurteilungen aus der Kindheit UNSER SCHICKSAL bestimmen, ist nur den wenigsten von uns bewusst. Wenn wir nicht daran gearbeitet haben, wirken sie bis heute. Genauso haben die positiven Botschaften ihre unterstützende Kraft nicht verloren.

Der Grund dafür ist: Aus allen Erfahrungen, die wir in unserem inneren Drehbuch gesammelt haben, bildet sich unser persönlicher Schönheitscode. Mit Hilfe dieses Codes wiederum formulieren wir unsere eigenen GLAUBENSSÄTZE ÜBER UNSER AUSSEHEN UND UNSEREN KÖRPER. Je nachdem, ob wir positive oder negative Erfahrungen gemacht haben, fallen auch unsere Glaubenssätze positiv oder negativ aus. Zum Beispiel »Meine Sommersprossen sind hässlich«, »Ich kann keine Röcke tragen«, »Wenn ich nicht mit dem Essen aufpasse, sehe ich irgendwann so aus wie meine Mutter« oder aber »Ich habe einen tollen Busen«, »Meine schönen Augen brauche ich nicht stark zu schminken«, »Mit ein paar Kilo mehr sehe ich immer noch gut aus«.

Je positiver unser persönlicher Schönheitscode, desto positiver unsere Glaubenssätze und umso stärker und freier gehen wir durchs Leben. Wir schminken uns, weil wir es lieben, uns schön zu machen. Wir essen, worauf wir Appetit haben. Im Schwimmbad haben wir keine Angst vor den Blicken der anderen, sondern genießen die Sonne und das Wasser auf unserer Haut. Beim Sex konzentrieren wir uns auf das Geschehen und nicht darauf, unseren Bauch einzuziehen oder unseren Liebsten die Cellulite nicht entdecken zu lassen.

Je mehr negative Botschaften wir dagegen erhalten haben, desto instabiler ist unser Selbstwertgefühl und desto besessener jagen wir zum Beispiel den Idealen nach, die uns von den Medien vorgesetzt werden. Wir gehen im Naturlook, weil Papa gesagt hat, nur Schlampen schminken sich, oder streichen uns aus Trotz eine extradicke Farbschicht ins

Gesicht. Wir hungern, weil Mama sich zu dick fand und ständig auf Diät war, oder futtern uns – jetzt erst recht! – eine Fettschicht an.

Die Sehnsucht nach Erlösung von den Flüchen aus der Vergangenheit bekommt auch unser Partner zu spüren. Ihm bürden wir die Sisyphusarbeit auf, uns von unseren emotionalen Altlasten zu befreien. Er soll mit ständiger Bestätigung und tausend Komplimenten wieder gut machen, was die ätzenden Bemerkungen des Vaters, der Mutter oder eines anderen Übeltäters uns an Schmerz zugefügt haben. Eine reale Chance auf Erfolg hat unser Liebster allerdings nicht, denn solange unser Schönheitscode negativ ist, werden uns seine Worte nicht erreichen. Wir werden nie wirklich glauben, wenn er sagt, wie begehrenswert er uns findet und dass uns das rote Kleid großartig steht. Und weil er dieses ewige »Findest du mich schön?«, »Bin ich zu fett?«, »Sind meine Beine wirklich nicht zu kurz?« irgendwann nicht mehr hören kann, ist Beziehungskrach vorprogrammiert.

Andere Frauen sind derart in ihrem negativen Drehbuch gefangen, dass sie sich immer wieder die GLEICHE BESETZUNG FÜR IHREN LEBENSFILM suchen. Das heißt, einen Partner, der in die Wunden sticht, die damals der Vater oder jemand anderer uns zugefügt hat. Ein Teufelskreis, aus dem nur entkommt, wer seinen Schönheitscode knackt und die negativen Anteile löscht.

Den Schönheitscode ändern

Mit einem negativen Schönheitscode muss sich niemand ein Leben lang plagen. Wie jedes x-beliebige Codewort können wir ihn UMSCHREIBEN. Das kostet allerdings etwas mehr Mühe, als einfach ein paar neue Buchstaben in den Computer zu tippen. Doch der Aufwand lohnt sich. Wer sich von seinem negativen Code befreit hat, erkennt seine eigene Schönheit und fühlt sich endlich zu Hause in seinem Körper. Machen Sie dazu die Übung auf den folgenden Seiten.

ÜBUNG

Entschlüsseln Sie Ihren persönlichen Schönheitscode

→ Mit dieser Übung können Sie herausfinden, welche Sätze aus Ihrer Kindheit und frühen Jugend Ihre Einstellung zum Thema Schönheit und zu Ihrem eigenen Körper und Aussehen geprägt haben. Beim Forschen in der Vergangenheit werden Sie die Zaubersprüche wieder entdecken, die Ihnen ein positives Körpergefühl und Selbstbewusstsein ermöglicht haben – oder Sie werden den Flüchen begegnen, die Ihnen das Leben heute oft so schwer machen. Auf jeden Fall steht Ihnen so manches Aha-Erlebnis bevor.

Ziel der Übung ist, Ihnen zu zeigen, welche Ihrer Verhaltensweisen durch negative Botschaften fremd gesteuert sind, Ihnen zu helfen, diese Flüche zu brechen, und Ihnen so den Weg zu einem positiven Körper- und einem starken Selbstbewusstsein zu ebnen. Wenn Sie diese Übung gemacht haben, werden Sie der Erkenntnis ICH BIN SCHÖN ein entscheidendes Stück näher gekommen sein!

1 Reise in die Vergangenheit

Sie brauchen ein großes Blatt Papier, einen Stift und ein paar freie, ruhige Stunden. Nun versetzen Sie sich zurück in die Zeit Ihrer Kindheit und frühen Jugend. Welche positiven oder negativen Sätze zum Thema Schönheit oder Körperverständnis fallen Ihnen ein? Wer hat sie ausgesprochen? Wie sind Ihre wichtigsten Bezugspersonen mit ihrem eigenen Aussehen und Körper umgegangen und wie mit dem von Ihnen? Nehmen Sie das Blatt Papier und schreiben Sie jede Person mit den dazugehörenden Sätzen und Verhaltensweisen auf.

2 Flüche entzaubern

An den guten Botschaften, die Ihnen positive Glaubenssätze und freie Entscheidungen ermöglicht haben, dürfen Sie sich weiter erfreuen. Wenn Sie dagegen einem Fluch auf die Spur gekommen sind, stellen Sie sich vor, Sie sind Rechtsanwältin und verteidigen IHRE SCHÖNHEIT UND EINZIGARTIGKEIT gegen den Absender des schlechten Spruchs. Überlegen Sie als Nächstes: Was fehlt mir, um mich von den bösen Worten frei zu fühlen? Was brauche ich, was muss ich noch lernen? Und dann sorgen Sie dafür, dass Sie genau das alles bekommen oder lernen. Alte Verhaltensmuster und Überzeugungen abzustreifen ist eine schwierige Aufgabe. Bei diesem Prozess sollen die nächsten Kapitel dieses Buches Sie unterstützen. Mit Tipps, Übungen und Anregungen zu Themen wie Schminken, Abnehmen, Schönheitsoperationen oder zum Umgang mit anderen Frauen und Männern.

3 Mein neuer Schönheitscode

Am Ende kommt der entscheidende Schritt in die Freiheit: Sie kreieren Ihren eigenen Schönheitscode. Denken Sie nach – was soll künftig in Ihrem Schönheitscode festgeschrieben sein? Beantworten Sie dazu folgende drei Fragen:

- → *Was wollen Sie über sich glauben und sagen?*
- → *Was sollen andere über Sie glauben und sagen?*
- → *Wie möchten Sie sich fühlen?*

Am besten, Sie schreiben die Antworten auf, damit Sie sie immer wieder durchlesen können. Denn eine Neucodierung ist ein langsamer Prozess. Nehmen Sie zur Unterstützung ruhig immer mal wieder dieses Buch in die Hand und lesen Sie die Kapitel nach, die Sie besonders betreffen.

Denken Sie daran: Sie müssen keinen Tag länger an die alten Flüche und dummen Sprüche glauben, die Sie seit Jahren mit sich herumschleppen. Jetzt haben Sie die Möglichkeit, sich von ihnen zu befreien. Ist das erst gelungen, können Sie tun, was Sie wollen. Sie brauchen nicht mehr zu rebellieren oder als Kopie Ihrer Eltern durch die Welt zu laufen. Sie gewinnen neues Selbstbewusstsein und neue Lebensfreude. Jetzt haben SIE die Macht über Ihr Selbstwertgefühl – und nicht mehr die Geister der Vergangenheit!

Erfahrungsbericht

Diana, 42, Architektin

Ich finde mich zu klein, zu hässlich, und ich habe zu große Ohren. Und das Schlimmste: Ich finde keinen Mann. So offen rede ich sonst nie darüber. Alle glauben, ich bin die supererfolgreiche Architektin, baue imposante Gebäude und bin glücklich. Die anderen meinen, ich hätte doch schließlich alles, was man braucht. Ich bin gesund, habe einen lieben Freundeskreis, mehr Geld als genug, und der richtige Mann kommt schon auch noch. Aber keiner ahnt, wie es wirklich in mir aussieht. Es klingt merkwürdig, aber ehrlich gesagt, ich traue mich nicht, mit einem Mann privat in Kontakt zu treten. Beruflich ist das kein Problem. Ich habe fast ausschließlich mit Männern zu tun und ja auch einen Beruf gewählt, der damals, als ich anfing, noch viel mehr ein Männerberuf war als heute. Warum ich Männern gegenüber so extrem unsicher bin? Ich glaube, das wurde mir sozusagen in die Wiege gelegt.

Am Tag meiner Geburt hat meine Oma gesagt: »Na, hübsch ist die nicht, aber die wird mal intelligent, das sieht man an den großen Ohren.« Klingt lustig, ich weiß, aber als ich es das erste Mal hörte, hat es mich sehr verletzt, und der Spruch verfolgt mich bis heute. Hunderte von Malen musste ich mir diesen blöden Satz anhören. Bei jeder Feier, bei jedem Treffen hat ihn einer aus der Familie zum Besten gegeben und als Pointe drangehängt: »Und schaut nur, was aus ihr geworden ist!«

Ja, stimmt, ich bin erfolgreich. Ich baue ein schönes Gebäude nach dem anderen. Aber ich hoffe die ganze Zeit, dass irgendwann ein Mann kommt, der neben der Schönheit meiner Gebäude endlich auch meine Schönheit entdeckt.

Neues Selbstbewusstsein – neues Lebensgefühl

Wer jahrelang von einem negativen Schönheitscode drangsaliert wurde, dessen Selbstbewusstsein in Sachen Aussehen hat schwer Schlagseite. Allerdings würde fast allen Frauen ein wenig mehr Ich-Stärke nicht schaden. Bei einer Umfrage des Instituts für Demoskopie Allensbach gaben im Jahr 2000 immerhin 77 Prozent der befragten deutschen Frauen zwischen 20 und 49 Jahren an, sich mehr Selbstsicherheit zu wünschen.

Frauen lernen von klein auf, sich durch die Augen anderer zu betrachten. Die Entscheidung, ob sie attraktiv sind oder nicht, geben sie damit aus den Händen. Nicht gerade gut fürs Selbstbewusstsein, immer vom Okay eines Gegenübers abzuhängen.

Es ist nichts Schlimmes dabei, sich die Meinung anderer anzuhören. Wunderbar, wenn der Partner einen unterstützt. Aber errichten Sie Ihr Selbstbild nicht nach den Maßstäben anderer. Als Kind haben wir nicht die Wahl. Wir werden durch unser Umfeld geprägt, ob wir wollen oder nicht. Als Erwachsene aber können wir entscheiden, ob wir uns fremd bestimmen lassen oder nicht.

Ihr Friseur sagt, lange Haare stehen Ihnen nicht. Na und? Die Models in Ihrer Lieblingszeitschrift sind alle dünner als Sie. Na und? Ihr Freund sagt, er mag keinen roten Lippenstift. Na und? Wenn Sie lange Haare haben wollen, sich in Kleidergröße 42 wohl fühlen und zu gerne mal roten Lippenstift ausprobieren würden, dann ist das okay. Tun Sie's einfach. Vergessen Sie niemals: Zur Autorität kann nur werden, wen wir dazu machen. Die Medien, der Friseur, die Freunde, der Partner – sie alle haben nicht mehr Macht über uns, als wir zulassen. Sie müssen NUR EINEM MENSCHEN GEFALLEN: SICH SELBST!

Sie sind schön – und vieles mehr!

Bitten Sie einmal eine Freundin, sich selbst zu beschreiben. Vermutlich lautet die Antwort: »Ich bin mittelgroß, blond, habe grüne Augen…« Frauen identifizieren sich mehr als Männer über ihr Aussehen und holen sich darüber Anerkennung und Bestätigung. Auch das ist eine Sache der Erziehung. Und auch das ist fatal fürs Selbstbewusstsein. Denn erstens wird das Äußere dadurch gnadenlos überbewertet – Frauen sind schließlich mehr als Schaufensterpuppen! Und zweitens stärken Aufmerksamkeit, Bewunderung und Komplimente zwar das Ego, aber leider nicht dauerhaft. Schönheit ist eine Quelle für unser Selbstwertgefühl, die irgendwann versiegt. Und dann?

Ich möchte nicht über mein Aussehen definiert werden.
Ich kann ja nicht einmal mit einem Föhn umgehen.
Der ist nur dafür da, einen Teppich trockenzuföhnen,
auf dem man etwas verschüttet hat.

[Cate Blanchett, *australische Schauspielerin*]

Sich schön zu fühlen ist traumhaft. Aber es reicht nicht für ein befriedigendes Leben. Sammeln Sie Erfolgserlebnisse auch in Bereichen, die nichts mit Ihrem Aussehen zu tun haben. Machen Sie sich bewusst, was Sie schon alles in Ihrem Leben erreicht haben.

Einen tollen Job, eine tolle Familie, vielleicht beides. Werden Sie aktiv. Gehen Sie in einen Volleyball-Club. Lernen Sie italienisch sprechen oder japanisch kochen. Nehmen Sie Reit- oder Klavierstunden. Und seien Sie stolz auf alles, was Ihnen gelingt.

Wer Erfolge feiert, beflügelt sein Selbstbewusstsein – und fühlt sich automatisch attraktiver. Sie werden sehen, das eine Kilo zu viel auf der

Waage wird plötzlich unwichtig, wenn Sie zwei Stunden auf Ihren neuen Inlineskates durchgehalten haben oder mit dem Ober in Ihrem Lieblingsrestaurant neuerdings italienisch parlieren.

Raus aus der Perfektionismusfalle!

Mit der Schönheit halten es viele Frauen wie mit ihrem ganzen Leben: Alles muss perfekt sein. Sie wollen erfolgreich im Job, eine gute Mutter, eine umwerfende Liebhaberin, eine Spitzenköchin und fit wie eine Sportstudentin sein. Und natürlich hat das Fabelwesen in ihren Wunschträumen keine Falte im Gesicht, sondern ein fein modelliertes Näschen, sinnliche Lippen, formvollendete Brüste, kein Gramm zu viel am duftenden Leib und immer perfekt sitzendes Haar. Glauben wir denn wirklich, dass wir das alles hinkriegen müssen? Die Frau, die all diesen Ansprüchen zugleich gerecht werden könnte, ist jedenfalls noch nicht geboren. Auch wenn die Medienbilder uns das manchmal glauben machen wollen.

Sich selbst so zu akzeptieren, wie man ist, wird immer schwieriger. Denn die Möglichkeit, jemand anderer sein zu können – mit feinerer Haut, tollerem Busen, strafferen Beinen, weniger Falten –, wird uns so verlockend präsentiert. Die Medien beweisen es täglich: Mit den richtigen Cremes, dem richtigen Fitness- und Ernährungsberater und einem guten Chirurgen kriegt jede Frau ein PERFEKTES AUSSEHEN auf die Reihe. Oder?

Lassen Sie sich nicht verrückt machen. Perfekte Menschen gibt es nicht. Versuchen Sie stattdessen, sich nicht mehr in Entweder-oder-Kategorien zu beurteilen. Fett oder dünn, schön oder hässlich, zu groß oder zu klein. Wechseln Sie mal die Perspektive, das hilft Ihnen, sich gelassener zu betrachten. Auf meinen Hüften sitzt ein wenig Speck, aber meine Beine sind schlank. Meine Nase ist vielleicht nicht Hollywood-tauglich, aber meine Hände sind die einer Königin. Meine

Brüste sind irgendwo zwischen klein und groß – und genau richtig. Wie Sie selbst!

Alle Achtung!

Je mehr Selbstachtung wir haben, desto schöner finden wir uns selbst und desto schöner wirken wir auf andere. Der einzige Mensch, der Ihre Selbstachtung aufbauen und pflegen kann, sind Sie. Indem Sie gut mit sich umgehen und freundlich zu sich sind. Und zum Beispiel nicht mehr jedes böse Wort glauben, das Sie sich selbst an den Kopf werfen: »Du fette Qualle, so wie du aussiehst, ist es ja kein Wunder, dass du keinen Mann findest!« Wenn Sie das nächste Mal ansetzen, sich selbst herunterzuputzen, drücken Sie sofort die Stopptaste. Stellen Sie sich vor, Ihr Körper wäre Ihre beste Freundin – würde die Ihnen solche Gemeinheiten verzeihen? Na also. Entschuldigen Sie sich bei Ihrem Körper und sagen Sie ihm zum Trost etwas besonders Nettes. Anderer Fall: Was für ein Tag! Kein Kleidungsstück will heute richtig sitzen, und dann leuchtet auch noch dieser Pickel auf der Stirn wie der Auslöser für den Feueralarm. Was machen Frauen, deren Selbstbewusstsein im Tiefgeschoss geparkt ist? Sie nutzen jede Gelegenheit, sich noch ein bisschen kleiner zu machen. Zum Beispiel, indem sie beim Morgenkaffee mit den Kolleginnen einen regelrechten Wettbewerb anzetteln, welche denn nun wirklich am schlechtesten dran ist – die ollste Hose anhat, mit den unfrisierbarsten Haaren geschlagen ist, sich die meisten Kilos angefuttert hat. So was müsste als Selbstsabotage unter Strafe gestellt werden! Wenn Sie Zeugin so einer Elendsdebatte werden, spielen Sie das SELBSTERNIEDRIGUNGSSPIEL nicht mit, sondern bringen Sie sich in Sicherheit! Denken Sie immer daran: Nur wenn ich mich achte, werde ich von anderen geachtet. Nur wenn ich nett zu mir bin, sind es auch andere. Und nur wenn ich mich mag, dann mögen mich auch andere.

Das merke ich mir

- Ob ich mich schön finde oder nicht, entscheidet mein Schönheitscode – und nicht die Anzahl der Komplimente, die andere Leute mir machen.
- Wenn ich mich nicht schön finde, kann nur ich das ändern.
- Wenn ich meinen Schönheitscode entschlüsselt habe, weiß ich endlich, warum ich mich so sehe, wie ich mich sehe, und warum ich so mit mir umgehe, wie ich es tue.
- Je weniger ich mich vom Urteil anderer abhängig mache, desto schöner fühle ich mich.
- Wenn ich etwas gut mache und Erfolg habe, stärkt das mein Selbstbewusstsein, und ich fühle mich automatisch schön.
- Je mehr ich mich selbst achte, desto besser wirke ich auf andere.

3. Schritt

Achtung

Zickenalarm!

→ Feindseligkeit, Spott, spitze Bemerkungen – nicht sehr nett, wie Frauen miteinander umspringen. In jeder von uns steckt etwas von einer Zicke. Der Grund: Wir fühlen uns nicht schön genug. Und haben Angst, im Vergleich mit der Konkurrenz den Kürzeren zu ziehen. Die Folge sind Missgunst und Aggression. Schade eigentlich. Denn mit Attacken gegen vermeintliche Rivalinnen schwächen wir uns selbst.

3

Wölfinnen im Schafspelz

Frauen sind eigentlich friedliche Geschöpfe. Sie hegen und pflegen, umsorgen und lieben. Sie sind mild, sanft, gütig. Frauen können aber auch ganz anders. Sie können mit verbalen Giftpfeilen furchtbar verletzen, mit Blicken jedwede Selbstsicherheit auslöschen und feine, unentrinnbare Netze aus Gerüchten und Intrigen spinnen. Frauen können GRAUSAM UND ABSOLUT GNADENLOS sein. Ihre bevorzugten Opfer: andere Frauen.

Nein, wir Schwestern sind kein Herz und eine Seele. Eine internationale Studie mit 15 000 Teilnehmerinnen in 19 Ländern (zitiert in »Amica« 07/2002) ergab, dass Frauen sogar regelrecht sexistisch sind. Sie finden ihre Geschlechtsgenossinnen weniger glaubwürdig und weniger respekteinflößend als Männer, sind schnell bereit, das Schlimmste von ihnen zu denken, und hegen ihnen gegenüber ein TIEF VERWURZELTES MISSTRAUEN. Dieses Misstrauen kommt vermutlich nicht von ungefähr. Starten Sie mal eine kleine Umfrage unter Ihren Freundinnen, Kolleginnen und Bekannten, wer ihnen im Leben besonders übel mitgespielt hat. Jede Wette, bei den aufgezählten Personen handelt es sich neben fremdgehenden Ex-Partnern vor allem um mobbende Kolleginnen, verräterische Freundinnen, unkameradschaftliche Mitschülerinnen und andere weibliche Seelenattentäter.

»Wir haben immer Männer für alles verantwortlich gemacht«, meint die amerikanische Psychologie-Professorin Phyllis Chesler (2003). »Bis wir darauf kamen, dass einige unserer schlimmsten Verletzungen von Frauen verursacht waren.« Das Biest in uns stürzt sich mit Vorliebe auf das Aussehen anderer Frauen.

Jede, die uns im Büro, bei einer Party oder im Fitnessstudio über den Weg läuft, wird abgerastert. Sieht sie gut aus? Wo sitzen ihre Schwachstellen? Kein Gramm zu viel, kein schiefer Lidstrich, kein abgekauter Fingernagel, keine Laufmasche im Strumpf entgeht unserem adlerscharfen Blick – wir üben schließlich täglich am eigenen Spiegelbild. Und können wir die andere aus irgendeinem Grund nicht leiden, machen wir unsere Entdeckungen publik. Niemand zieht so scharfzüngig über das Äußere einer Frau her wie eine andere Frau. Weil wir aber ungern als STUTENBISSIG dastehen, vollzieht sich die Demontage meist unter Einsatz subtiler Mittel. Hier eine kleine Bemerkung, dort ein viel sagender Blick oder eine angehobene Augenbraue, und nach einer Weile ist die andere erledigt. Nur wenige Frauen haben Lust, sich vor großem Publikum als Zicke zu outen wie die Entertainerin Désirée Nick, die der Schauspielerin Anouschka Renzi öffentlich vors Schienbein trat: »Die ist doch so oft geliftet, bei der haben keine zwei Körperteile dasselbe Alter.«

Wie finden Sie den Spruch von Frau Nick? Haben Sie schadenfroh gekichert oder sogar schallend gelacht? Haben Sie gedacht: Pfui, so etwas macht man aber nicht! Ich würde nie so über jemanden herziehen! Seien Sie sich da mal nicht zu sicher. Wir alle bekommen in unserer Kindheit beigebracht, dass brave Mädchen sich nicht schlagen. Wohin aber mit den Aggressionen, die jede von uns in sich trägt? Wenn Prügeln tabu ist, müssen wir auf andere Kampfmittel ausweichen. Wir haben uns für SPOTT, KLATSCH, GERÜCHTE, Blicke und Gesten entschieden. Diese Waffen sind oft sogar wirksamer als ein Faustschlag auf die Nase. Und noch heute setzen wir sie ein – nicht auf offener Bühne wie Frau Nick, aber genauso treffsicher. Wir sind keine sanften Lämmer! Offene Aggressionen sind für uns zwar wie eh und je tabu, erklärt Phyllis Chesler (2003), aber »fast alle Frauen haben ein Repertoire von Techniken, mit denen sie andere Frauen schwächen, verwirren oder erniedrigen«.

Die Lust am Lästern

»Hast du die gesehen, was die für 'nen Hintern hat?« »Wahnsinn, quetscht die sich auch noch in ein Stretchkleid. Die sieht aus wie 'ne Weißwurst in rosa Pelle.« »Ui, guck mal, die aufgespritzten Lippen da vorne. Die braucht 'nen Strohhalm, sonst sabbert die sich den ganzen Prosecco ins Dekolleté.« »Das Klappergestell in Grün hat doch Magersucht.« »Oder ein Drogenproblem. Höhö, an der holen Männer sich bestimmt blaue Flecken …«

Wettlästern mit der besten Freundin. Kennen wir. Machen fast alle. Deswegen gehen wir auch so ungern an einem Tisch voller giggelnder Frauen vorbei, wenn wir nicht mindestens einen bodenlangen, zeltförmigen Mantel tragen. Je besser wir im Lästern sind, desto größer die Angst, selbst zum Opfer zu werden. »Hast du die gesehen …« Grauenhafte Vorstellung!

Lästern ist lustig – und gemein. Jeder kennt den Zwiespalt: Darf man sich auf Kosten anderer amüsieren? Wenn ja, ab wann ist es nicht mehr komisch? Die Schmerzgrenze verläuft bei jedem Menschen anders. Die einen fallen bei den TV-Fieslingen Stefan Raab und Ingo Appelt vor Lachen vom Sofa, die anderen wechseln empört den Sender. Ob es ein Richtig oder Falsch gibt und wo die Trennlinie zur Geschmacklosigkeit verläuft, muss jeder für sich entscheiden.

Wer sich öfter beim Lästern erwischt, sollte sich über seine Motivation klar werden. Stefan Raab und Ingo Appelt verdienen damit ihren Lebensunterhalt. Aber was ist es bei Ihnen? Trifft Ihr Spott Frauen, die Sie kennen? Oder meistens Fremde, die Ihnen zufällig vor die Flinte laufen? Geht es Ihnen darum, möglichst originell und witzig zu sein? Oder wollen Sie jemandem gezielt eins auswischen? Viele Frauen haben Probleme damit, sich einzugestehen, dass sie es tatsächlich auf bestimmte Personen abgesehen haben. Aggressiv? Ich doch nicht! Seien Sie ehrlich mit sich. Es ist auch möglich, dass Sie beim Lästern unbewusst Ihren Frust über eigene vermeintliche Schönheitsmängel abreagieren wollen.

Ich mag mich nicht, also mag ich keine

Frauen fallen häufig aus dem gleichen Grund über das Aussehen anderer her, aus dem sie Diäten machen oder beim Schönheitschirurgen einchecken: ein schwach ausgeprägtes Selbstbewusstsein. Dahinter steckt, wie Sie jetzt wissen, ein negativer Schönheitscode. Ob Ihr SELBSTWERTGEFÜHL AUF WACKLIGEN BEINEN steht und Sie sich später noch einmal intensiv mit Ihrem Schönheitscode befassen sollten, verraten Ihre Antworten auf die folgenden fünf Fragen.

3

5 Fragen

1 → Kritisieren oder beschimpfen Sie sich, wenn Sie vor dem Spiegel stehen?

2 → Wenn jemand Sie ansieht, vermuten Sie automatisch, dass sein Urteil negativ ausfällt?

3 → Fühlen Sie sich verunsichert, wenn Sie durch ein Lokal gehen oder vor eine Gruppe treten müssen?

4 → Fühlen Sie sich zu dick?

5 → Wenn Sie mit jemandem den Körper tauschen könnten, würden Sie das tun?

Je öfter Sie mit »Ja« geantwortet haben, desto schlechter ist es um Ihr Selbstbewusstsein bestellt. Und desto stärker werden Sie dazu tendieren, mit anderen Frauen nicht gerade liebevoll ins Gericht zu gehen.

Die Logik des Selbstwertgefühls sieht so aus: Wenn ich mich selbst nicht mag, kann ich auch andere Menschen nicht wirklich mögen. Wenn ich mich selbst nicht schön finde, kann ich mich an dem guten Aussehen einer anderen Frau nicht wirklich erfreuen, sondern empfinde sie als wandelnde Provokation. Wenn ich meinen Busen zu klein finde, dann werde ich die üppigeren Rundungen einer anderen zwar anerkennend registrieren, aber gleichzeitig nach Schönheitsfehlern Ausschau halten, die mich über ihre Überlegenheit in punkto Körbchengröße hinwegtrösten. Und wenn sich die Gelegenheit bietet, werde ich die dämliche Tussi mit ihrem Leguanhals mal so richtig in die Pfanne hauen.

Die Rache der Schwachen

Gezielte Lästerattacken treffen häufig Frauen, die scheinbar rundum zufrieden mit sich und ihrem Leben sind. Den Grund für dieses Phänomen nannte die französische Philosophin Janice Raymond einmal die »Solidarität der Schwäche«. Konkret bedeutet das: Mit weiblicher Stärke können weniger selbstbewusste Frauen schlecht umgehen. Sie empfinden das sichere Auftreten einer anderen als Zumutung und bestrafen sie mit Ausgrenzung. Zeigt zum Beispiel eine neue Kollegin, dass sie sich schön findet, regt sich bei denen, die weniger von ihrer Attraktivität überzeugt sind, Unmut. Nicht auszuhalten, diese Selbstgefälligkeit.

Muss man sich das gefallen lassen? Keineswegs, findet der Club der weniger Hübschen und legt los: »Puh, ist das eine arrogante Ziege!« »Hast du gesehen, wie die sich an den Jan ranmacht?« »Das gibt's ja gar nicht, wie die dem ihre Brüste unter die Nase hält!« »Wie ist die überhaupt an den Job gekommen?« Die einzige Chance der Schönen, in die Solidargemeinschaft aufgenommen zu werden, ist der Nachweis von Schwäche. Zur Auswahl stehen zum Beispiel Schicksalsschläge wie ein fremdgehender Freund, eine chronische Hautkrankheit oder eine harte Kindheit. Wird das Leid als ausreichend anerkannt, ist der Schönen der Segen der anderen sicher. Sie werden die Lästerei umgehend einstellen und ihr mit Trost, Rat und aufbauenden Worten zur Seite stehen.

Spaß am Spott

Der Grad, auf dem wir uns beim Lästern bewegen, ist schmal. Ein boshafter Lacher ab und an macht durchaus Laune. Doch wer es mit spitzen Bemerkungen übertreibt, ist bei anderen schnell als Hetzschlange oder Giftspritze unten durch. Und hat obendrein ein schlechtes Gewissen im Nacken sitzen. Denn dass der anderen unsere Worte auf der Seele brennen, wenn sie ihr zu Ohren kommen, ist uns nur allzu deutlich bewusst. Schöner oder glücklicher fühlen wir uns nach einem Läster-Schlachtfest garantiert auch nicht. Eher das Gegenteil ist der Fall. Negative Worte hinterlassen immer einen SCHLECHTEN NACHGESCHMACK und ziehen uns runter. Aber muss man deswegen gleich zur Heiligen werden, die stets nur Gutes über andere spricht? Klar ist Lästern böse. Aber so gar nicht böse zu sein ist ganz schön langweilig. Also, liebe Lästerzungen, halten wir es einfach wie mit dem Alkohol – in Maßen genossen beschwingt er ungemein, und der Schaden hält sich in Grenzen.

Zur Unterhaltung einer Party trägt niemand so viel bei wie diejenigen, die gar nicht da sind.

[Audrey Hepburn, *amerikanische Schauspielerin (1929 bis 1993)*]

Unser Leben – ein Schönheitswettbewerb

Längere Beine, schmalere Taillen, blondere Haare, prallere Brüste, zierlichere Nasen – deprimierend, womit man täglich konfrontiert wird. Finden jedenfalls viele Frauen. CHRONISCHE UNSICHERHEIT bringt sie dazu, sich beinahe zwanghaft mit jedem weiblichen Wesen zu vergleichen, das ihre Bahn kreuzt. Und dabei ihr Augenmerk just auf die Details zu richten, bei denen ihr Gegenüber scheinbar besser abschneidet. Na super, wieder eine, die besser aussieht als ich!

Sich mit anderen zu vergleichen ist nicht grundsätzlich schädlich. Jeder Mensch überprüft, ob er in dem Kreis, in dem er sich gerade bewegt, eine Spitzenposition einnimmt, im Mittelfeld rangiert oder nicht mithalten kann. Sind wir jedoch mit einem negativen Schönheitscode vorbelastet, verzerrt sich unsere Wahrnehmung, und der Routinecheck wird zum masochistischen Akt. Beim VERGLEICH MIT DER KONKURRENZ registrieren wir nur, wo wir übertrumpft werden. Wenn ich als Teenager gelernt habe, meinen kleinen Busen nicht zu mögen, sehe ich ständig Frauen mit größeren Brüsten. Wenn ich seit Jahren verzweifelt versuche abzunehmen, stelle ich bei meinen Freundinnen die geringsten Gewichtsschwankungen fest – natürlich nur die zu meinen Ungunsten. Bei jeder Gegenüberstellung gehen wir als Verliererin vom Platz.

»Persönlichkeit fängt dort an, wo der Vergleich aufhört.«

[Karl Lagerfeld, *deutscher Modedesigner*]

Ein negativer Schönheitscode lässt uns fest daran glauben, dass alle anderen schöner sind als wir. So kommt es auch, dass wir häufig genau das wollen, was die Natur uns nicht in die Wiege gelegt hat: Hellhäutige Frauen rennen ins Solarium, um künstlich nachzudunkeln – dunkelhäutige Frauen wünschen sich einen Sahneteint. Wer glatte Haare hat, lässt sich Dauerwellen legen, und Naturkrausen werden glatt gebügelt. Die Brünette träumt von Blond, die Blauäugige von grünen Nixenaugen. Bei diesem Schönheitswettbewerb geht es schließlich um das begehrteste Objekt in unserem Leben: den Mann.

Die Siegesprämie: ein Mann!

Wir wollen einen guten Job, vielleicht Erfolg, aber auf jeden Fall wollen wir einen tollen Mann. Dieser Wunsch liegt uns sozusagen in den Genen. Denn evolutionspsychologisch betrachtet heißt unser Lebensziel: wohlgeratenen Nachwuchs in die Welt setzen. Dazu brauchen wir einen idealen Erbgut-Spender und zuverlässigen Partner bei der Kinderaufzucht. Weil alle demnach das Gleiche wollen, sehen Frauen im gebärfähigen Alter sich grundsätzlich als Konkurrentinnen, sagen Psychologen wie die Harvard-Dozentin Nancy Etcoff (2001).

Unsere wirksamste Waffe bei der Jagd auf den Traumprinzen ist, das ist wissenschaftlich erwiesen, UNSER AUSSEHEN. Der Wettbewerb ist hart – schließlich laufen ziemlich viele hübsche Frauen, aber nicht viele A-Männer durch die Welt. Dem Klima unter Frauen tut das nicht gerade gut. Wo wir gehen und stehen, checken wir ab, ob uns womöglich eine Schöne(re) in die Quere kommt, und bekämpfen die, die uns gefährlich werden könnte. Besonders heftig fahren wir unsere Ellbogen laut einer Untersuchung der Psychologin Maryanne Fisher (2004) von der York University im kanadischen Toronto an unseren fruchtbaren Tagen aus. Besteht die Chance auf Nachwuchs, betrachten wir andere Frauen erst recht als Rivalinnen.

Es ist ein Irrtum anzunehmen, die Frauen
machten sich schön, um die Männer zu erfreuen.
In Wahrheit tun sie es bloß,
um andere Frauen zu ärgern.

[Marcel Aymé, *französischer Schriftsteller (1902 bis 1967)*]

Auffallend schöne Frauen sind uns aufgrund der Konkurrenzsituation ein besonderer Dorn im Auge. Dass wir sie nicht sonderlich mögen, bekommen sie deutlich zu spüren. Schöne Frauen haben leichter Probleme mit anderen Frauen und tun sich laut Nancy Etcoff (2001) schwer, Freundschaften mit Frauen aufrechtzuerhalten. Na ja, wer hat schon Lust, als kleines Licht gegen einen Leuchtturm anzustrahlen und neben einer bildschönen Freundin dauernd übersehen zu werden? Oder sich gar dem Risiko auszusetzen, den Partner an sie zu verlieren?

Der Wiener Humanethologe und Partnerwahlforscher Karl Grammer (2000) hat beobachtet, dass attraktive Menschen beim ersten Eindruck zwar normalerweise einen Sympathie-Bonus erhalten. Treffen Frauen jedoch auf eine schöne(re) Rivalin, bekommt sie einen Malus verpasst. Wer so aussieht, kann gar nicht nett sein! Außerdem werden gut aussehende Frauen von ihren weniger hübschen Geschlechtsgenossinnen zwar als bessere Ehe- und Sexualpartnerinnen, die reichere Männer heiraten, eingeschätzt.

Bei den menschlichen Qualitäten allerdings schlagen die weniger Attraktiven zurück: Sie halten schöne Frauen, so Grammer, für schlechte Mütter, Egoistinnen, materialistisch und snobistisch. Und treu seien sie schon gar nicht. Du magst zwar schön sein, aber dafür bist du ein Miststück. Ätsch!

Raus aus der Vergleichsfalle

Wenn wir ständig nach anderen schielen, übersehen wir, was wir selbst an Schönheit zu bieten haben. Anstatt uns an den eigenen Vorzügen zu erfreuen, leiden wir unter den Reizen der Rivalinnen. Wozu sich das weiter antun? Schließen Sie Frieden mit der Konkurrenz und verabschieden Sie sich aus dem selbstzerstörerischen Schönheitswettbewerb.

STEHEN SIE ZU IHREM TYP: Schon mal darüber nachgedacht, dass eine blonde Löwenmähne, Körbchengröße C oder ein Schmollmund vielleicht gar nicht zu Ihnen passen? Kultivieren Sie Ihren eigenen Stil, setzen Sie auf Ihre Stärken, dann wirken Sie tausendmal attraktiver, als wenn Sie sich bei anderen etwas abgucken, das an Ihnen aussieht wie ein Fremdkörper.

SPIELEN SIE IN IHRER LIGA: Models und Stars leben von ihrem Aussehen. Sie arbeiten jeden Tag an ihrem Körper und beschäftigen ein Heer von Stylisten und Beratern. Sich mit diesen Profis zu vergleichen ist, als würden Sie ein Tennismatch gegen Venus Williams gewinnen wollen. Ähnlich absurd ist es, als 40-Jährige seine Haut mit der einer 20-Jährigen zu vergleichen. Wozu das? Sie würden von der Jüngeren doch auch nicht Ihre Lebenserfahrung und Reife verlangen.

DENKEN SIE UM: Okay. Es wird immer eine geben, die weißere Zähne, einen feineren Teint oder glänzenderes Haar hat als Sie. Na und? Das bedeutet doch nicht, dass Sie unattraktiv sind. Sie haben dafür einen knackigen Po oder wundervolle Wimpern. Hören wir endlich auf damit, uns und andere abzuwerten! Lassen Sie bei Beurteilungen das »-er« an schlank, schön, sexy, elegant, sinnlich in Zukunft einfach weg. Sie werden staunen, was zwei kleine Buchstaben ausmachen. »Das Dekolleté dieser Frau ist verführerisch«, »Ich habe eine sportliche Figur« – wer so denkt, erlaubt sich und anderen, sich schön zu fühlen.

Erfahrungsbericht

Tanja, Ex-Model

Ich habe während des Studiums mit dem Modeln angefangen, weil ich Geld brauchte. Der Job hat mir Spaß gemacht, und es hat mir auch geschmeichelt, dass ich das machen darf. Mit den kritischen Blicken und Kommentaren à la »Heute hast du aber verquollene Augen« oder »Hast du zugenommen?« musste ich allerdings erst mal lernen klarzukommen. Für viele Models ist das reine Gewohnheit, aber trotzdem ist es nicht schön, als Stück Fleisch oder grinsender Kleiderständer behandelt zu werden. Jeder meint, er darf mal anfassen, jederzeit in die Garderobe platzen oder am Outfit herumzupfen, wo es nichts zu zupfen gibt. Es erfordert viel diplomatisches Geschick, die Grenzen zu wahren und trotzdem das nette, charmante und professionelle Model zu bleiben. Besonders von Frauen wird man in der Branche schnell als Diva oder Zicke abgestempelt.

Für mein Selbstwertgefühl war dieser Job toll. Ich habe gelernt, mich zu bewegen, zu präsentieren und mich von der besten Seite zu zeigen. Ich fühle einen gewissen Stolz, das mal gemacht zu haben. Aber es war mir immer wichtig, das Modeln nur neben dem Studium und dem Beruf gemacht zu haben. Wenn ich ehrlich sein soll, habe ich eine abfällige Haltung gegenüber Nur-Models, die zwar hart arbeiten und sehr hübsch sind, aber sonst keine Qualifikationen oder Leistungen vorzuweisen haben.

Probleme mit anderen Frauen durch meinen Job als Model kenne ich schon. Schwierig war es oft mit zickigen Kolleginnen, die älter waren. Und heute bemerke ich oft Neid oder Unsicherheit bei anderen Frauen, wenn sie erfahren, dass ich früher gemodelt habe. Diese Blicke, die genau prüfen, ob noch alles so perfekt ist oder eben nicht. Und dann kommt Schadenfreude oder Beruhigung auf – sehr menschlich!

Der Neid auf die Schönen

»Darf ich Ihnen die neue Kollegin vorstellen?« Die Neue lächelt, die Kollegen strahlen, die Kolleginnen fletschen die Zähne. Verdammt, sieht die gut aus! Alle Frauen im Raum fühlen sich plötzlich wie Hobbits, klein, dick und unelegant. Und fast jede denkt, warum die und nicht ich? Ich will auch solche Haare, so eine Haut, so groß und so schlank sein! DAS NEIDVIRUS HAT ZUGESCHLAGEN.

Männer beneiden einander um flotte Flitzer, ein dickes Bankkonto oder die Mitgliedschaft im Golfclub, haben Psychologen festgestellt. Frauen beneiden einander um eine glückliche Beziehung, eine heile Familie und vor allem um ihr gutes Aussehen. Ferne Lichtgestalten wie Catherine Zeta-Jones oder Prinzessin Mette-Marit stören unseren Seelenfrieden dabei weit weniger als Freundinnen, Nachbarinnen, Kolleginnen oder weibliche Verwandte, die zu viel des Guten abkriegen. Je näher das fremde Glück, desto greifbarer erscheint es auch für uns. Und umso heftiger packt uns der Neid, sagen Psychologen. Hätte Fortunas Kuss nicht mich treffen können? Warum die andere? Warum muss ausgerechnet die Schwester die Ballerinafigur der Großmutter vererbt bekommen? Warum führt die Nachbarin nach ihrer Schwangerschaft einen streifenfreien Bauch im Garten spazieren, während man selbst seinen Bikini in die Altkleidersammlung verbannt hat, um die Dehnungsstreifen in einem Badeanzug zu verstecken? Irgendwie fühlen wir uns um unser Glück betrogen.

Warum beneiden wir schöne Frauen überhaupt? Weil wir sie für die glücklicheren Menschen halten, die alles kriegen, wovon wir träumen: Aufmerksamkeit, Liebe, Anerkennung, ein gutes Leben. Tatsächlich haben schöne Frauen viele Vorteile gegenüber den weniger schönen. Aber sind sie auch beneidenswert glücklich?

Macht Schönheit glücklich?

Die haben's gut! Haben viel Geld, Erfolg, tolle Häuser, teure Klamotten, und die besten Männer kriegen sie auch ab. Klar sind attraktive Frauen gut dran. Aber nicht alle und nicht pausenlos. Schönheit macht, genauso wie Reichtum, nicht zwangsläufig glücklich. Stimmt schon, die Schönen haben gute Chancen, Schauspielerin, Model oder Fernsehmoderatorin zu werden. Und häufig kriegen sie auch einen attraktiven Mann. Aber sie durchleben die gleichen emotionalen Höhen und Tiefen wie alle anderen Frauen auch. Sie sind manchmal verzweifelt und oft unsicher. Lachen über Erfolge und **WEINEN ÜBER MISSERFOLGE**. Stehen vor der Party des Jahres heulend vor dem Kleiderschrank, weil sie sich plötzlich in jedem Kleid hässlich finden. Und selbst die Schönsten erleben die gleichen Beziehungspleiten wie die Frauen, denen sie Autogramme geben. Die Schauspielerinnen Halle Berry, Uma Thurman, das Topmodel Heidi Klum – betrogen. Nicole Kidman, Julia Roberts, Liz Hurley – verlassen. Solche Geschichten aus der Promiwelt beweisen: Schönheit schützt vorm Unglücklichsein nicht.

> **Neid** ist der Schatten,
> den der **Erfolg** wirft.

[Marilyn Monroe, *amerikanische Schauspielerin (1926 bis 1962)*]

Vom Neid beflügelt oder blockiert?

Niemand gibt gerne zu, neidisch zu sein. Neid klingt nach Komplexen, nach Wurm, nach Armseligkeit. Neidisch sind nach unserer Meinung nur die, die keine eigenen Stärken, keine Erfolge, keinen Glanz vorzuweisen haben. Und wer will schon so vor sich und anderen dastehen? Dabei hat das Gefühl mit dem üblen Ruf durchaus seine positiven Seiten. Seit sechs Millionen Jahren prägt der Neid das Zusammenleben der Menschen und das ihrer tierischen Vorfahren, stellten Evolutionsforscher fest. Und immer brachte er sie in ihrer Entwicklung voran. »Er ist der Antrieb, mit seinem Los unzufrieden zu sein, seine Position verbessern zu wollen«, wird der Anthropologe Christopher Boehm in der Frauenzeitschrift »Cosmopolitan« (10/2003) zitiert.

Ein Beispiel: Als kleines Mädchen war Pop-Superstar Madonna fasziniert von der Sängerin und Schauspielerin Barbra Streisand. »Ich wollte dahin, wo sie war. Ich neidete ihr die Stimme, das Rampenlicht, die Männer, einfach alles.« (»Cosmopolitan« 10/2003) Madonna wiederum war das große Vorbild für die Popsängerin Britney Spears. »Ich wollte genauso gefeiert und beneidet werden wie sie. Ich wusste: Ich habe das nötige Talent und die Disziplin.« (»Cosmopolitan« 10/2003) Beide haben sie ihr Ziel erreicht. **WOHL DOSIERTER NEID** kann uns zu enormen Leistungen antreiben und dafür sorgen, dass wir gute Vorsätze endlich in die Tat umsetzen. Zum Beispiel unsere Ernährung umstellen, mit dem Rauchen aufhören oder uns zum Sport aufraffen. Weil wir auch so toll abnehmen oder einen klaren Teint haben wollen wie unsere Freundin oder Kollegin.

Neid nötigt uns, zentrale Fragen zu klären. Wie wichtig ist mir mein Aussehen überhaupt? Warum fühle ich mich nicht schön? Was will ich erreichen? Welche Opfer bin ich bereit zu bringen? Was muss ich ändern, um zufriedener mit mir zu sein? Die Antworten führen

ÜBUNG

Sie sind beneidenswert!

→ Schön sind nicht immer nur die anderen. Diese Übung wird Sie hoffentlich endgültig davon überzeugen. Fragen Sie sich mal, was andere an Ihnen beneiden könnten. Oder besser: Fragen Sie andere. Setzen Sie sich mit guten Freundinnen oder netten Kolleginnen zusammen und erzählen Sie sich gegenseitig, um was Sie einander beneiden. So viel Offenheit fällt im ersten Moment vielleicht schwer. Aber wenn Sie sich erst einmal überwunden haben, wird jede in der Runde überrascht sein, wie viel Gutes es über ihr Aussehen zu berichten gibt. Und alle werden sich hinterher mit ganz anderen Augen im Spiegel betrachten.

entweder zu neuer Zufriedenheit oder zu neuen Zielen. Die wir mit dem Neid als treibende Kraft im Rücken aktiv angehen.

Neid hat aber auch eine dunkle Seite: die **MISSGUNST**. Sie blockiert und zerstört. Anstatt an uns selbst zu arbeiten, setzen wir herab, worum wir eine andere beneiden. Anstatt Verbesserungsideen zu entwickeln, malen wir uns aus, wie wir der schönen Rivalin Säure ins Gesicht kippen oder sie an einen Stuhl ketten und mit Pommes frites und Sahnetrüffel mästen. Als ob wir so unserem Selbstwertgefühl auf die Beine helfen und uns danach besser fühlen würden …

Nutzen Sie gelegentliche Neidattacken als Motor, um die Dinge zu verändern, an denen Ihnen ernsthaft liegt. Aber passen Sie auf, dass Ihr Neid nie in Missgunst umkippt. Denn die treibt Sie in einen verhängnisvollen Teufelskreis aus Selbsthass und Hass auf andere.

Schöne Schwestern

Psychologinnen und Feministinnen machen sich schon lange Gedanken darüber, warum Frauen sich so oft mit **FEINDSELIGKEIT, MISSGUNST UND EIFERSUCHT** begegnen. Die Psychologin Julia Onken (2001) führt diese Rivalität auf die Benachteiligung der Frauen in der Gesellschaft zurück. Durch die ständige Diskriminierung hätte sich in den Frauen Frust angestaut, den sie ausgerechnet an ihren Geschlechtsgenossinnen auslassen. Nun hat sich zum Glück inzwischen einiges bewegt. Wir sind aus der Situation gesellschaftlicher Machtlosigkeit ein Stück weit herausgewachsen. Höchste Zeit, diese Veränderungen auch beim Umgang miteinander zu berücksichtigen und damit aufzuhören, aufeinander einzuhacken. Anstatt uns mit Zickenkämpfen um die Position der Schöneren aufzuhalten, sollten wir lieber dazu übergehen, uns gegenseitig den Rücken zu stärken und unsere Chancen zu nutzen. Das meint auch die Feministin Alice Schwarzer in einem »Freundin«-Interview (06/2003): »Die jungen Frauen in Deutschland heute sind die allererste Generation, die rechtlich völlig gleichberechtigt ist, uneingeschränkten Zugang zur Bildung hat. Sie machen öfter und besser Abitur, stürmen die Unis. Aber danach erwarten sie keine Frauen-, sondern Männerbünde. Und die halten die Reihen dicht geschlossen. Zeit also, dass auch Frauen lernen, zusammenzuhalten, sich gegenseitig zu stützen und zu fördern – statt sich die Augen auszukratzen.« Dazu gehört, dass wir einander das Gefühl vermitteln, genau so, wie wir sind, in Ordnung und schön zu sein.

Wie viel Kraft Frauen einander geben können, wie wichtig ein **LIEBEVOLLER UMGANG** miteinander für unser Wohlbefinden und Selbstbewusstsein ist, beweist der Stellenwert, den Frauenfreundschaften in unserem Leben einnehmen.

Der Engel an meiner Seite

Mit wem macht ein Shopping-Nachmittag am meisten Spaß? Mit der besten Freundin natürlich. Sie sagt ehrlich, wenn uns etwas besonders gut steht. Sie bringt uns zum Lachen, wenn wir in Hüfthosen oder knallengen Tops wie ein eingepackter Kürbis aussehen und am liebsten losheulen würden. Gute Freundinnen lenken unseren Blick AUF UNSERE SCHOKOLADENSEITEN. Makel pulverisieren sie mit einem strengen »Na und, dafür hast du …«. Sie betrachten uns mit einer Liebe, die wir selbst uns vorenthalten. Die Psychologin Julia Onken (2001) meint, von echten Freundinnen könnten wir lernen, besser mit uns umzugehen.

» Die beste Freundin ist ja immer die erste,
die dir sagt, dass sie dich schön findet.
Ich glaube inzwischen, dass wir uns hauptsächlich
für unsere Freundinnen schön machen.
Mein Freund zum Beispiel mag es nicht,
wenn ich Make-up trage.
Oder wenn ich mich aufwändig zurechtmache.
Meine Freundinnen lieben das sehr. Ich auch.
Also ist Sich-hübsch-Machen eine Dienstleistung
von Frauen für Frauen. «

[Julianne Moore, *amerikanische Schauspielerin*]

ÜBUNG

Freundschafts-dienst

→ Diese Übung ist eine Variante der »Beneidenswert!«-Übung. Mit ihrer Hilfe können Sie Ihren liebevollen Blick auf andere Frauen schulen und lernen, Komplimente anzunehmen. Erzählen Sie sich in einer Frauenrunde, was Sie besonders schön aneinander finden. Weil Worte flüchtig sind und schnell vergessen werden, schreiben hinterher alle gemeinsam aus den zusammengetragenen Pluspunkten einen Werbespot über jede der Anwesenden. Aber nicht übertreiben, Sie sollen schließlich glauben dürfen, was die anderen über Sie zu sagen haben!

Im Alltag gibt es reichlich Gelegenheiten, ein positives Miteinander zu trainieren. Klassischer Fall: die Umkleidekabine. Eine Frau weiß nicht so recht, welche von zwei anprobierten Jeans sie wählen soll. Geben Sie ihr einen Tipp. Und sagen Sie ihr, wie toll ihr diese Hose steht. Eine Kollegin zieht mit ihrem Make-up den Spott der anderen auf sich? Erklären Sie ihr, dass sie viel zu schön ist, um sich hinter einer Maske zu verstecken.

Beteuern Sie einer unzufriedenen Freundin, dass sie vollkommen okay ist, so wie sie ist, und nicht erst, wenn sie fünf Kilo abgespeckt hat. Machen Sie anderen Frauen Komplimente. Sie werden erleben, wie ANSTECKEND Ihre positive Art wirkt. Mit wie viel Freundlichkeit man auch Ihnen, von Ausnahmen einmal abgesehen, plötzlich begegnen wird. Und wie viel wohler Sie sich damit fühlen. So wie Sie andere bestärken, dürfen auch Sie sich bestärken lassen. Legen Sie Ihr Misstrauen ab und lernen Sie, sich über nette Worte anderer Frauen zu freuen, anstatt sie mit der typisch weiblichen falschen Bescheidenheit abzuwehren. Sagen Sie nicht »Och, die Haare bräuchten doch längst mal wieder einen neuen Schnitt« oder »Quatsch, ich hab total zugenommen«. Sie haben die Komplimente verdient! Denn Sie sind schön!

Ob ein paar Kilo zu viel, die ersten grauen Haare oder schon wieder eine Falte mehr im Gesicht, Freundinnen helfen uns, mit jeder Schönheitskrise fertig zu werden. Sie trösten, geben Rat und passen auf, dass wir einen Pickel nicht zum Weltuntergang aufblasen. Die Body Shop-Gründerin Anita Roddick erklärt in einem Interview mit dem Online-Magazin »changeX«: »Natürlich tun Avocado-Öl und Algenextrakt der Haut gut. Aber sie machen nicht jünger. Wenn Sie das wollen, dann investieren Sie Ihr Geld lieber in eine Flasche guten Wein – und laden Sie Ihre Freundinnen ein. In ihrer Mitte werden Sie bessere Antworten auf das Älterwerden finden als durch Facelifting und Collagen-Spritzen.« Die Frau muss es wissen, sie ist schließlich vom Fach.

Der neue Umgangston

Wir müssen nicht gleich alle Frauen zu Busenfreundinnen erklären. Es reicht schon, wenn wir versuchen, in ihnen nicht mehr die potenzielle Feindin zu sehen, sondern die **MÖGLICHE KOMPLIZIN**. Lassen Sie sich von der Übung auf der vorangehenden Seite zu einem neuen Miteinander mit anderen Frauen inspirieren. Trainieren Sie ab jetzt im Alltag, ihnen wohlgesonnen und freundlich zu begegnen, und lassen Sie sich den neuen Umgangston mit der Zeit zur Gewohnheit werden. Das bedeutet, in Zukunft einer Frau keine negativen Absichten und Eigenschaften mehr zu unterstellen, nur weil sie attraktiv ist, andere Frauen zu unterstützen, wenn sie Hilfe brauchen – und die Unterstützung anderer Frauen zu suchen und anzunehmen, wenn sie Ihnen angeboten wird. Und noch etwas: Warten Sie nicht darauf, dass eine andere den Anfang macht. Nehmen Sie sich ein Herz und gehen Sie offen und wohlwollend auf andere Frauen zu. Man wird es Ihnen danken. Und Sie selbst werden feststellen, dass das Leben so viel leichter ist.

Das merke ich mir

- → Wie ich mit anderen umgehe, zeigt, ob ich mich mag oder nicht.
- → Ich bin nicht weniger schön als alle anderen. Um das zu erkennen, muss ich meinen negativen Schönheitscode umschreiben.
- → Ich kann Neidgefühle nutzen, um etwas in meinem Leben zu verändern.
- → Um mich wohl in meinem Körper zu fühlen, muss ich die Schönheit anderer anerkennen, anstatt ihr Aussehen abzuwerten.
- → Ich fühle mich stärker und selbstsicherer, wenn ich andere Frauen nicht als Konkurrentinnen betrachte.
- → Ich versuche, die Anerkennung anderer nicht herunterzuspielen. Ich habe die Komplimente verdient.

4. Schritt
Wie Männer
Frauen wirklich sehen

→ Frauen wollen schön sein. Weil Männer schöne Frauen wollen. Aber was finden Männer überhaupt schön? Wir glauben: einen großen Busen, blonde Haare und Kleidergröße 36. Achtung, Vorurteil! Mit unseren Vorstellungen vom ultimativen Männertraum liegen wir ziemlich daneben. Und wenn es um die Liebe fürs Leben geht, sind Idealmaße sowieso Nebensache.

Verführerische Schönheit

Sind Sie jemals einem Mann begegnet, der keine schönen Frauen mag? Würde uns wundern. Männer lieben es, schöne Frauen zu betrachten. Ihnen auf der Straße hinterherzuschauen. Mit ihnen gesehen zu werden. Das Aussehen ihrer Partnerin ist ihnen mindestens so wichtig wie die viel zitierten inneren Werte. Und weil das so ist, lassen sie sich überall auf der Welt bei der Partnerwahl von ihren Augen leiten. Das resümiert der Evolutionspsychologe David Buss von der University of Texas in Austin in einer Studie aus dem Jahr 1990, die er in 37 verschiedenen Kulturkreisen durchgeführt hat.

Warum unser Aussehen für Männer eine so zentrale Rolle spielt? Nein, die Medien trifft ausnahmsweise keine Schuld. David Buss und andere Wissenschaftler wie der Attraktivitätsforscher Ronald Henss von der Universität Saarbrücken gehen davon aus, dass Männer unbewusst von bestimmten äußeren Merkmalen auf die Fortpflanzungsfähigkeit einer Frau schließen. Signalisiert ihr Aussehen, dass sie im gebärfähigen Alter, gesund und noch kinderlos ist, gilt ein weibliches Gegenüber in den Augen eines Mannes als schön und kommt als pozentielle Partnerin in Frage. Warum abschaffen, was sich für den ERHALT DER ART über Jahrtausende bewährt hat? Aus diesem Grund wählen wir noch heute unsere Partner nach Kriterien aus, nach denen schon unsere Vorfahren in den urweltlichen Steppen ihr Herz verschenkten.

Was finden Männer wirklich schön?

Welche äußeren Merkmale sind es denn, die uns laut Evolutionspsychologie in den Augen eines Mannes unwiderstehlich machen? Wie haben wir uns die ideale Frau aus seiner Sicht vorzustellen?

Männer stehen auf Frauen, die schlank sind wie eine Laufstegschönheit und einen Busen haben wie Lara Croft. Wissen doch alle … Attraktivitätsforscher Ronald Henss und Kollegen kommen zu einem ganz anderen Ergebnis. Ihre Studien haben ergeben, dass das Gewicht zwar durchaus ein Hauptkriterium bei der Beurteilung weiblicher Attraktivität darstellt. Gefragt sind jedoch KEINESWEGS MODELMASSE (hurra!). Ist eine Frau im Verhältnis zu ihrer Körpergröße zu schwer oder zu leicht (!), löst ihr Anblick bei Männern weniger Entzücken aus als eine Frau mit NORMALGEWICHT. Ein mittlerer Body Mass Index (BMI, siehe Seite 124) spricht nämlich dafür, dass sie gesund ist und damit gute Voraussetzungen für eine Schwangerschaft mitbringt. Dieses Kriterium liest der Mann auch an der Taille einer Frau ab. Eine schmale Mitte macht Frauen für Männer deshalb höchst anziehend. Nach Männermeinung beträgt der ideale Taillenumfang einer Frau 70 Prozent ihres Hüftumfangs, so fand der amerikanische Professor für Evolutionspsychologie Devendra Singh 1995 in einer internationalen Untersuchung heraus.

Die Männer beteuern immer, sie lieben die innere Schönheit der Frau – komischerweise gucken sie aber ganz woanders hin.

[Marlene Dietrich, *deutsche Schauspielerin (1901 bis 1992)*]

Und was ist mit dem Busen? A-Körbchen-Trägerinnen können aufatmen. Große Brüste wurden in keiner der aktuellen Studien als ausschlaggebend für weibliche Attraktivität erwähnt. Überhaupt würden die Körpermaße von den Frauen total überbewertet, meint Schönheitsexperte Ronald Henss. Das Gesicht spiele bei der Beurteilung unseres Aussehens eine viel wichtigere Rolle als unsere Figur.

Auf was gucken Männer zuerst, wenn sie einer Frau begegnen? Auf MUND UND AUGEN, ergab ein Test des Sozialpsychologen Manfred Hassebrauck (Gesamthochschule Duisburg 2002). Danach begutachten sie die Wangen, dann Hüfte und Taille. Der männliche Beauty-Check startet also tatsächlich mit dem Gesicht. Und was hoffen Männer dort zu erblicken? Große, runde, nicht zu nah beieinander stehende Augen, lange, dunkle Wimpern, dunkle, schmale Augenbrauen, volle, gepflegte Lippen und eine schmale Nase. Das Gesicht sollte eher schmal geschnitten sein, hohe Wangenknochen und einen leicht gebräunten Teint haben. So lautet das übereinstimmende Ergebnis aller in letzter Zeit zu diesem Thema durchgeführten Studien.

Erstaunlich – oder erschreckend – ist ein Phänomen, das ebenfalls alle aktuellen Untersuchungen bestätigen: Gesichter, die durch das Übereinanderkopieren mehrerer Einzelporträts künstlich hergestellt wurden, bekommen von Testpersonen fast durchgehend höhere Schönheitsnoten als die Einzelporträts. Je mehr Originalgesichter ein künstlich geschaffenes Porträt enthält und je schöner diese Originalgesichter sind, desto hingerissener sind die Betrachter von dem zusammengemixten Kunstprodukt.

Warum Männer beim direkten Vergleich am Computer produzierte DURCHSCHNITTSGESICHTER fast immer schöner finden als die Fotos realer Frauengesichter, darüber sind sich die Wissenschaftler noch nicht einig. Möglich ist, dass beim Übereinanderkopieren besonders symmetrische Gesichter entstehen, die auf ein starkes, intaktes Immunsystem und damit einen Vorteil im Hinblick auf die Fortpflanzung schließen lassen. Dass Männer die künstlich geschaffenen, ungewöhnlich ebenmäßigen Gesichter nicht als unnatürlich, sondern als besonders attraktiv empfinden, könnte auch an ihrem Medienkonsum liegen, mutmaßen Psychologen der Universität Regensburg

(2001), in einer umfassenden Studie zum Thema Schönheit. Die bis ins letzte Detail am Computer optimierten Gesichter auf Werbeplakaten und in Hochglanzmagazinen scheinen an Männern ebenso wenig spurlos vorüberzugehen wie an Frauen. Verschiedene Tests belegen eindeutig, dass männliche Teilnehmer nach dem Betrachten entsprechender Medienbilder die Attraktivität von »normalen« Frauen negativer beurteilen. Die Macher der oben erwähnten Regensburger Studie warnen davor, auf ein von den Medien geschaffenes, völlig UNREALISTISCHES SCHÖNHEITSIDEAL hereinzufallen und an unser Aussehen unerfüllbare Erwartungen zu stellen.

Kleiner Tipp für männliche Singles auf Partnersuche: besser den Medienkonsum einschränken. Sonst suchen Sie bis ans Ende Ihrer Tage vergeblich nach der Frau, die mit den bildhübschen Mädchen, die Sie aus Fernsehen oder Zeitschriften kennen, mithalten kann.

Blondinen bevorzugt?

Ob blond, ob braun, Männer lieben alle Frauen. Manche lieben sie aber ein bisschen mehr. BLOND UND BRAUN stehen bei Männern höher in der Gunst als Schwarz und Rot. So lautet das Ergebnis einer Studienreihe von Attraktivitätsforscher Ronald Henss. Ansonsten kann man nur staunen, welche Vorurteile mit Haarfarben verbunden sind. Bestes Beispiel ist eine Untersuchung der Psychologin Marianne LaFrance von der Yale-Universität (2001). Die von ihr befragten Männer und Frauen bewerteten Frauen mit langen, blonden, glatten Haaren als am meisten erotisch, wohlerzogen und wohlhabend, allerdings auch am meisten egozentrisch und engstirnig. Der Typ »Kurzhaarschnitt mit Strähnchen« bekam zwar keinen Sexappeal, dafür aber Intelligenz und Selbstbewusstsein attestiert. Am schlechtesten kamen die Trägerinnen langer, dunkel gelockter Mähnen weg: Sie seien am unintelligentesten und am wenigsten selbstsicher. Alles klar …

Erfahrungsbericht

Stephan, 30, seit seiner Geburt blind

Für mich gibt es Schönheit, obwohl ich nicht mit den Augen sehe. Von den 100 Prozent Wahrnehmung laufen rund 80 Prozent über die Augen und 20 Prozent über die restlichen Sinneskanäle. Bei einem Blinden fallen diese 80 Prozent weg. Dafür hört, riecht und fühlt ein Blinder intensiver als andere Menschen. Ich benutze also meine anderen Sinne, um zu sehen. Ich fasse an, ich höre, ich rieche. Eine Frau finde ich bei der ersten Begegnung schön, wenn mir ihre Stimme sympathisch ist. Außerdem ist ihr Händedruck wichtig. Wie fühlt sich die Hand an? Ist es ein liebevoller Händedruck, oder spüre ich Unsicherheit? Kann sie die Hand in meiner lassen oder will sie sie schnell wegziehen? Schön finde ich außerdem Frauen, mit denen ich lachen kann. Und ich mag lange Haare sehr gerne.

Ich kann zwar überhaupt keine optischen Vergleiche ziehen, weil ich ja noch nie gesehen habe. Doch ich denke mir manchmal, dass es viele Vorteile hat, eine Frau nicht nur visuell zu erfassen. Durch das, was ich sehe, kann ich die ganze Frau wahrnehmen anstatt nur ihre äußere Hülle. Oft ist es doch so: Ein Mann sieht eine Frau, und wenn da irgendwas nicht passt, weil sie vielleicht einen schlechten Tag hat oder der Friseur Mist gebaut hat, dann fällt sie bei ihm durch. Das kann mir nicht passieren. Eine Frau kann mir auch kein Theater vorspielen. Wenn sie sich beim Reden zum Beispiel von ihrer Haltung her sehr selbstbewusst gibt, dann spüre ich ganz genau, wenn sie in Wirklichkeit ängstlich ist. Weil ich viel schneller jemanden berühre und, was für mich ganz wichtig ist, wahrnehme, wie jemand riecht. Wenn Menschen relaxt sind, riechen sie anders, als wenn sie Angst haben. Und natürlich kann man mich auch nicht mit Klamotten blenden. Ich sehe die innere Schönheit einer Frau.

Werden nur schöne Frauen geliebt?

Es gibt Männer, die präsentieren eine attraktive Partnerin wie eine TROPHÄE. Mein Auto, mein Boot, meine Frau … Die Angeberei erzielt durchaus die gewünschte Wirkung, meint der Wiener Partnerwahlforscher Karl Grammer (2000). Schöne Frauen gelten als STATUSSYMBOL und werten einen Mann in den Augen anderer auf. Mit einer attraktiven Lebensgefährtin an seiner Seite wird er als selbstbewusster, intelligenter, liebenswerter und beruflich erfolgreicher eingeschätzt.

Heißt das, alle Männer wollen eine Miss Universum als Frau oder Freundin? Wie attraktiv muss eine Frau sein, um von einem Mann begehrt und geliebt zu werden? Was laut Wissenschaft unter attraktiv zu verstehen ist, haben Sie auf den vorangehenden Seiten erfahren. Nun ist das Leben aber kein Laborexperiment, und kein noch so schönes Foto sagt etwas darüber aus, welche Eigenschaften bei einer Frau aus Fleisch und Blut auf Männer tatsächlich anziehend wirken.

4

> Schönheit ist nach drei Tagen genauso langweilig wie die Tugend.
>
> [George Bernard Shaw, *irischer Schriftsteller (1856 bis 1950)*]

Welches von mehreren Bildern Männer am meisten anspricht, welche Haarfarbe oder Lippenform sie theoretisch am verführerischsten finden, das alles konnten die vielen wissenschaftlichen Studien ermitteln.

Was ein hübsches Näschen oder der optimale Body Mass Index im wirklichen Leben wert sind und was eine echte TRAUMFRAU auszeichnet, das ist eine andere Sache.

Die Königin seines Herzens

»Der Tobias hat 'ne tolle Freundin. Eine echte Traumfrau!« Die Männer in Ihrem Bekanntenkreis sind sich absolut einig. Sie selbst können es kaum erwarten, die so Gepriesene kennen zu lernen. Was an der wohl so besonders ist? Als Sie ihr endlich zum ersten Mal gegenüberstehen, sind Sie sprachlos: Huch, DIE soll eine Traumfrau sein? Die sieht ja so … normal aus. Wieso schwärmen bloß alle so von der? Schüttet die den Jungs was in die Drinks? Vielleicht. Vielleicht aber haben Sie auch nur falsche Vorstellungen von dem, was Männer toll finden.

Klar fällt allen Anwesenden die Kinnlade runter, wenn eine Uma Thurman in den Raum schwebt. Alle Männer, Ihr Liebster eingeschlossen, geben sich für einen kurzen Moment dem Tagtraum hin, sie seien derjenige, der diese überirdische Erscheinung später nach Hause begleiten darf. Dann macht es »Plopp«, und sie sind wieder zurück in der Realität. Und Ihr Liebster ist glücklich, morgen früh neben einer anderen aufzuwachen: neben Ihnen. Weil Sie diesen klitzekleinen Leberfleck rechts neben dem Bauchnabel haben. Weil Sie Ihren Liebsten auf diese bestimmte Art ansehen. Weil Sie sein bester Kumpel sind. Weil Sie im Kino an den gleichen Stellen lachen wie er. Weil er Ihnen von seinen Problemen und Niederlagen erzählen kann, ohne sich wie ein Versager zu fühlen. Weil er sich wohl fühlt, wenn Sie im gleichen Raum sind.

Wenn es um ihre ganz persönliche Traumfrau geht, legen Männer nicht nur Wert auf ein hübsches Gesicht und eine gute Figur. Sie verlieren ihr Herz auch an die PERSÖNLICHKEIT, die AUSSTRAHLUNG und den STIL einer Frau, sagt der Evolutionspsychologe Devendra

Singh. Die Traumfrau fürs wirkliche Leben ist eine Kombination aus Geliebter, Mutter, Kumpel und Freundin – und kein Ausstellungsstück. In einer Studie der Konrad-Adenauer-Stiftung aus dem Jahr 2002 beschreiben die befragten Männer ihre Favoritin als herzlich, loyal und intelligent.

In einer im Jahr 2002 durchgeführten Umfrage des Meinungsforschungsinstituts Forsa unter 30- bis 60-jährigen Männern behaupten die Teilnehmer sogar, die INNEREN WERTE einer Frau (71 Prozent) seien ihnen wichtiger als ihre Schönheit (16 Prozent). Auf die Frage, worauf es bei einer Frau besonders ankommt, antworten 89 Prozent »die gesamte Ausstrahlung«, 69 Prozent »Humor«, 60 Prozent »Lachen«, gefolgt von dem »Gesicht« (56 Prozent) und der »Figur« (49 Prozent). Zur wichtigsten Charaktereigenschaft erklären Männer in Befragungen fast immer TREUE.

Ob sie überhaupt ein festes Bild von einer Traumfrau im Kopf haben, wurden deutsche Männer im Rahmen einer 1998 im Auftrag der katholischen und evangelischen Kirche durchgeführten Studie gefragt. Nur 61 Prozent der Interviewten antworteten mit »Ja«. Ihre Idealfrau beschrieben die meisten von ihnen als intelligent, herzlich, einfühlsam, attraktiv, häuslich, loyal und mit einer erotischen Ausstrahlung. Waren sie eher modern eingestellt, machten sie bei der Häuslichkeit und Anschmiegsamkeit gerne Abstriche und erwarteten von ihrer MISS PERFECT stattdessen zusätzlich Selbstständigkeit, Durchsetzungsvermögen und Berufstätigkeit.

Wie schön ist schön genug?

Weil dies nun aber ein Buch über Schönheit ist, nehmen wir den Punkt Attraktivität noch einmal genauer unter die Lupe. Die rein theoretischen Idealvorstellungen der Männer in Sachen Aussehen haben wir bereits geklärt. Was aber wünschen sie sich von ihrer ganz persönlichen Traumfrau?

» FAKTEN	Wunschdenken	Prozent
	Meine Partnerin sollte ...	
	... möglichst natürlich aussehen	93,5
	... gepflegt aussehen	92,7
	... gesund leben	89,2
	... hübsch/gut aussehend sein	88,5
	... modisch gekleidet sein	74,0
	... schlank sein	73,1
	... sportlich fit und leistungsfähig aussehen	70,3
	(Befragt wurden Männer zwischen 14 und 91 Jahren.)	

Quelle: EMNID-Umfrage im Auftrag der Forschungsstelle für Sexualwissenschaft und Sexualpädagogik, Universität Koblenz-Landau, 2001

Wie Sie sehen, sind KÜNSTLICHE BARBIEPUPPEN, die von den Medien gerne als ultimative Idealfrauen dargestellt werden, gar nicht nach dem Geschmack der Männer. Zumindest dann nicht, wenn es um eine Beziehung geht. Angucken: ja, anbandeln: nein danke. Sehr beruhigend, dieser Gedanke, nicht wahr?

Ich weiß von meinen Schwestern, was Frauen alles durchmachen, bis sie sich perfekt finden. Und dann die Frage: ›Wie findest du mich eigentlich?‹ Was ich schnell gelernt habe: Man muss die Wahrheit sagen. Aber bloß nicht, ohne auch etwas wirklich Nettes zu bemerken! Sonst ist der Abend ruiniert.

[Rea Garvey, *Sänger der Band »Reamonn«*]

Wen Männer im wahren Leben lieben

Vom abstrakten Ideal der Traumpartnerin kommen wir jetzt zu der Frau, mit der Männer tatsächlich glücklich werden. Die meisten Männer entwickeln sich im Laufe ihrer Suche nach einer festen Partnerin zu Realisten. Wer nicht selbst aussieht wie Jude Law, Brad Pitt, David Beckham, Orlando Bloom oder Keanu Reeves beziehungsweise Macht oder ein millionenschweres Bankkonto vorzuweisen hat, kapiert spätestens nach der x-ten Abfuhr, dass er für den Rest seines Lebens mit Begriffen wie Singleportion, Singletarif oder Singleblues zu tun haben wird, wenn er seine offenbar zu hohen Ansprüche nicht herunterschraubt.

So viel Realismus wird belohnt. Bei einer amerikanischen Umfrage unter GLÜCKLICHEN LANGZEITPAAREN stellte sich heraus, dass das Äußere der Frau fast nie dem Idealbild ihres Partners entsprach. Wahre Liebe hat mit idealer Schönheit demnach nichts zu tun. Dauerhaft glücklich werden meist Paare, bei denen die Partner sich IN VIELEN PUNKTEN ÄHNELN, haben Experten wie der Attraktivitätsforscher Ronald Henss herausgefunden. Sie sind ähnlich gebildet, in ähnlichen Verhältnissen aufgewachsen, haben einen ähnlichen Charakter, ähnliche Interessen, Meinungen und Überzeugungen – und sind ähnlich attraktiv.

Denken Sie daran: Die meisten Menschen sind DURCHSCHNITTSTYPEN, weder extrem schön noch extrem hässlich. Die Chancen, einen Partner zu finden, stehen für einen Großteil von uns also ziemlich gut. Um von einem Mann geliebt zu werden, brauchen Sie nicht auszusehen wie eine Hollywood-Göttin. Im Gegenteil: Um die würde der nette Typ von nebenan vermutlich einen großen Bogen machen – zu viel Schönheit flößt Männern nämlich Angst ein, macht sie unsicher und verspricht Stress mit Konkurrenten.

Erfahrungsbericht

Wolfgang, 58, Regisseur und Drehbuchautor

Für mich existiert ein Unterschied zwischen Schönheit und Hübschheit. Schön wird eine Frau erst, wenn man ihre Seele entdeckt. Das passiert zum Beispiel in einem Gespräch, in dem sie am Anfang die Unnahbare gibt und dann plötzlich über ihre Gefühle erzählt. Wenn sie sich offenbart und ihre Authentizität spürbar wird. Das heißt, wenn ich eine Frau schön finde, geht es auch um Dinge, die sich unter der Oberfläche abspielen. Diese Dinge, gepaart mit einer gewissen Hübschheit, machen eine Frau schön.

Das bedeutet umgekehrt, dass Frauen, die nicht so gut aussehen, die fehlende äußere Attraktivität wettmachen können, indem sie witzig, charmant und geistreich sind. Wenn sie darüber hinaus auch noch liebevoll und zärtlich sind, was will ein Mann mehr? Frauen sollten sich nicht so auf ihr Aussehen konzentrieren. Sie haben viel mehr zu bieten.

Wichtig ist, dass sie Frauen bleiben und nicht einfach uns Männer kopieren. Ich habe nichts dagegen, wenn Frauen in Führungspositionen sitzen. Für mich ist es oft wesentlich leichter, wenn eine Frau der Chef ist. Ich komme besser mit Frauen klar als mit Männern. Nur insgesamt gesehen, in ihrer ganzen Art, sich zu verhalten, ist es wichtig, dass sie Frau bleiben und sich auf alles besinnen, was sie ausmacht – und nicht nur auf ihr Äußeres.

Frauen sollten sich immer bewusst sein, welche Macht sie über uns Männer haben. Im Endeffekt sind sie alles für uns. Wir machen Karriere wegen ihnen, wir leiden wegen ihnen, wir machen Purzelbäume wegen ihnen … Frauen haben eine unheimliche Macht. Denn in letzter Konsequenz wollen wir den Helden spielen und ihnen zeigen, wie toll wir sind. Unser wahres Ziel im Leben ist, eine tolle Frau zu erobern.

Finden Männer mich schön?

Wie gut sehen Sie aus? Lassen Sie uns raten: Sie sehen nicht aus wie Liv Tyler nach vier Wochen Wellness-Urlaub, aber auch nicht wie eines der hässlichen Models der englischen Agentur »Ugly«. Und was glauben Sie, wie Männer Sie finden? Die Antwort auf diese Frage wird uns zu einem Großteil von unserem SCHÖNHEITSCODE (siehe ab Seite 49) in den Mund gelegt. Er bestimmt nicht nur, ob wir mit unserem Aussehen zufrieden sind, sondern auch, wie wir uns in den Augen anderer sehen. Wer Glück hat, ist mit einem positiven Schönheitscode ausgerüstet und glaubt ganz selbstverständlich: Klar finden Männer mich attraktiv! Wer das Pech hat, einen negativen Code abgekriegt zu haben, ist dagegen überzeugt, mit seinem Aussehen keinen auch nur halbwegs interessanten Mann hinter dem Ofen hervorzulocken.

Neben dem Schönheitscode und den Vorurteilen (Sie wissen schon: Männer stehen auf blond, großbusig, superschlank) sind auch PERSÖNLICHE ERLEBNISSE dafür verantwortlich, wenn Frauen in Männerköpfen eine schlechte Meinung über ihr Aussehen vermuten. Nehmen Sie sich ein wenig Zeit und denken Sie einmal in Ruhe über folgende Punkte nach:

1. Welche negativen Erfahrungen habe ich mit Männern in Bezug auf mein Aussehen gemacht? An welche Schlüsselerlebnisse beim Flirten, beim Sex und mit festen Partnern kann ich mich erinnern?
2. Was davon ist zu meiner geglaubten Realität geworden? Sprich: Was, glaube ich seither, denken Männer über mein Aussehen und meinen Körper?

Stopp! Wieso sind Sie so überzeugt davon, genau zu wissen, was Männer über Sie denken? Könnte es nicht sein, dass Sie ihnen ein falsches Urteil unterstellen?

Der Blick durch die Männerbrille

Samstagabend, eine Party: Beim Weinholen kommt sie mit einem Mann ins Gespräch. Guter Typ, denkt sie. Jetzt bloß keine Fehler machen. Den Lippenstift findet er bestimmt zu rot. Männer mögen keine stark geschminkten Lippen, das habe ich neulich irgendwo gelesen. Oh Mist, von oben gesehen spannt das Top überm Bauch. Also schön flach atmen. Den Teller Spaghetti heute Mittag hätte ich mir wirklich verkneifen können. Ob er den Pickel auf meinem Kinn bemerkt hat? Zu blöd, dass ich meinen Push-up nicht angezogen habe. Was hat er gerade gesagt? »Äh, ja, äh, finde ich auch …« Schock, falsche Antwort! Seine letzten Sätze muss sie irgendwie verpasst haben. »Äh, ich hol mir mal noch 'nen Wein …« Er denkt: Wieso rennt die denn jetzt weg? Wieso ist sie so außer Atem? Ist sie betrunken, auf Droge …? Schade, dabei hat sie mir auf den ersten Blick richtig gut gefallen.

Sicher, wir haben uns diese Szene ausgedacht. Aber genau so hätte sie sich abspielen können. Sie ist ein klassisches Beispiel dafür, wie Frauen sich mit ihrer Unsicherheit SELBST IM WEG STEHEN. Wie sie sich im Bemühen, einem Mann zu gefallen und seinen vermeintlichen Vorstellungen zu entsprechen, selbst ein Bein stellen und ihr Selbstbewusstsein höchstpersönlich in den Keller katapultieren.

Dass die weibliche Sicht auf sich selbst mit der von Männern häufig nicht übereinstimmt, belegen auch wissenschaftliche Untersuchungen. In verschiedenen Studien zu unserem Lieblingsthema – das ideale Körpergewicht – zeigte sich zum Beispiel, dass Frauen ihr Gewicht, gemessen an dem, was sie für das von Männern bevorzugte Körperideal halten, oft zu hoch schätzten und sich selbst zu dick sahen.

Mit der Übung auf der folgenden Seite können Sie das schiefe Bild, das Sie sich möglicherweise vom männlichen Urteil über Ihr Aussehen machen, zurechtrücken und Ihrem Selbstbewusstsein ein wenig Aufwind verschaffen.

ÜBUNG

Beauty-Check

→ Fragen Sie Männer, was sie an Frauen schön finden. Ihren Bruder, Ihren Partner, gute Freunde... Sie werden staunen, wie viele positive Statements die Jungs parat haben. Ganz Mutige ziehen mit einer Freundin los und befragen fremde Männer in Cafés, im Park oder an der Supermarktkasse: »Hallo, wir machen eine Umfrage für eine Zeitschrift...« Viel Spaß!

Es ist nicht verwerflich oder charakterschwach, Männern gefallen zu wollen. Aber vielleicht sollten wir versuchen, das Ganze etwas GELASSENER UND SOUVERÄNER anzugehen. Anstatt uns weiter auf unsere mangelhaften Künste im (Männer-)Gedankenlesen zu verlassen und uns mit Spekulationen darüber, was ein Mann über uns denken könnte, verrückt zu machen, sollten wir lieber dafür sorgen, dass wir uns wohl in unserem Körper fühlen – und damit unsere AUSSTRAHLUNG AUF HOCHGLANZ POLIEREN.

Cellu-was? Männer und die Makel der Frauen

Oh Gott, noch mehr Cellulite auf Schenkeln und Po! Oh Schreck, noch ein Kilo mehr auf der Waage! Unsere logische Schlussfolgerung aus solchen Katastrophen: Ich kriege 1. nie (wieder) einen Mann oder werde 2. demnächst von meinem Partner verlassen. Wozu die Aufregung? Männer sind viel toleranter, als wir meinen.

Zu Punkt 1: Wenn Ihre **PERSÖNLICHKEIT** stimmt, halten Männer vermeintliche Schönheitsfehler wie ein paar Extrapfunde durchaus für attraktiv. Wissenschaftler der University of Central Florida ließen 2003 männliche Testpersonen Fotos von Frauenkörpern bewerten. Das Ergebnis: Die Kandidaten fanden eine größere Bandbreite von Körperformen schön, wenn sie dazu Listen mit positiven Eigenschaften der Frauen wie Freundlichkeit, Humor, Mitgefühl oder Verständnis vorgelegt bekamen. Ein paar Dellen verdammen Sie also keineswegs zu ewigem Singledasein.

Zu Punkt 2: **LIEBE MACHT BLIND.** Der Münchner Paartherapeut David Wilchfort erklärt im »Maxi«-Interview (01/2003): »Ein Mann sieht seine Partnerin meist anders als Außenstehende. Oft bemerkt man in einer langjährigen Partnerschaft die Falten des anderen nicht mehr. Oder die Figur. Die Wahrnehmung ist einfach subjektiv geprägt.« Sprich, Ihr Schatz liebt Sie, wie Sie sind!

> Selma Hayek mit zusammengewachsenen Augenbrauen und Vollbart würde immer noch sexy sein.
>
> [Geoffrey Rush, *australischer Schauspieler*]

Eines können Männer allerdings überhaupt nicht leiden: jammern und nörgeln. Die »Bin ich zu dick?«-Leier hören sie in etwa so gerne wie Frauen das berühmte »Wie war ich?« nach dem Sex. Wenn Sie Ihren Partner wieder und wieder mit der Frage malträtieren, ob er Sie wirklich nicht zu dickwadig, schmallippig oder flachhintrig findet, könnte er irgendwann ins Zweifeln geraten, ob Sie wirklich so toll sind, wie er einmal glaubte. Aber nicht, weil Ihre Waden zu dick sind, Ihre Lippen zu schmal oder Ihr Hintern zu flach, sondern weil er bei Ihnen mehr Selbstbewusstsein oder eine positivere Lebenseinstellung vermutet hatte. Vergessen Sie nicht: Niemand zwingt Ihren Partner, mit Ihnen zusammen zu sein. Solange er sich nicht beschwert, findet er Sie in Ordnung, wie Sie sind.

Erfahrungsbericht

Uwe Bachmann, 35, Fotograf

Man trifft sehr selten Frauen, die nichts an sich zu bemängeln haben. Klassischerweise ist der Busen zu klein, die Hüften sind zu breit, die Schultern nicht definiert, die Arme nicht straff genug, die Nase zu groß, krumm, dick… Mein Tipp an alle Frauen: Wenn ihr etwas an eurem Aussehen nicht mögt und es ändern wollt, dann redet nicht darüber, tut es einfach. Und das, was nicht zu ändern ist, solltet ihr akzeptieren, oder besser noch, freundet euch damit an!

Noch etwas können Männer nicht ausstehen: Wenn ihre KOMPLIMENTE bei der Liebsten ins Leere laufen. Fast jede von uns erwischt sich hin und wieder bei diesem Spielchen: Er: »Das sieht toll aus!« Sie: »Findest du wirklich? Habe ich nicht zu kurze Beine für den Rock?« Er: »Nein, sieht gut aus.« Sie: »Meinst du das jetzt echt oder willst du nur deine Ruhe haben?« Wären Sie an seiner Stelle etwa nicht genervt? Viele Männer sind nicht gerade Weltmeister im Komplimentemachen. Wenn aber jedes Lob mehrere Anläufe braucht, bis es die Glaubwürdigkeitskontrolle passiert hat, dann stellen sie das Loben irgendwann ganz ein. Sie hören doch gerne Komplimente, oder? Dann lassen Sie Ihren Partner spüren, wie glücklich er Sie damit macht – und freuen Sie sich, dass er Sie schön findet!

Jeder Mensch hat Angst, den Ansprüchen anderer nicht zu genügen und als **MÄNGELEXEMPLAR** aussortiert zu werden. Auch Männer. Ihr Kummer über schwindendes Haupthaar oder den fehlenden Waschbrettbauch ist manchmal groß – und macht großzügig. Wer selbst nicht perfekt ist, sieht bei der Partnerin gerne über die eine oder andere Macke hinweg. Doch die eigentliche Achillesferse der Männer ist nicht ihr Aussehen. Viel mehr zu schaffen machen ihnen Versagensängste. Habe ich meiner Partnerin genug zu bieten? Kann ich ihr geben, was sie braucht? Bin ich erfolgreich genug? Männer fürchten das weibliche Urteil über ihre möglichen Unzulänglichkeiten genauso wie wir das männliche über unsere vermeintlichen Schönheitsfehler. Es besteht also kein Grund, sie zu allmächtigen Richtern über unsere Schönheit zu erheben!

Keine Chance für Miesmacher

Wir sind nicht perfekt schön. Dem Mann, der uns liebt, muss deshalb nicht jeder Zentimeter an uns gefallen. Aber er muss respekt- und liebevoll mit uns und unseren Schwächen umgehen. Kritik an unserem Aussehen ist nicht tabu, solange sie konstruktiv ist und uns nicht abwertet. Gegen Styling-Tipps (»Das grüne Top passt besser zu deinen Augen«) oder einen dezenten Hinweis hier und da (»Vielleicht sollten wir wieder öfter joggen gehen…«) ist absolut nichts einzuwenden. Ein aufmerksamer Partner kann der **BESTE BERATER** sein.

Anders ist es mit einem Mann, der ständig etwas an unserem Äußeren auszusetzen findet – mal stört ihn der Lippenstift, dann findet er enge Tops daneben, Pferdeschwanz hat uns noch nie gestanden, und natürlich war auch die Hose wieder ein Fehlkauf. Am Ende fühlen wir uns wie ein unansehnliches Schattengewächs mit schlechtem Geschmack.

Was bringt jemanden dazu, den wichtigsten Menschen in seinem Leben ständig zu verunsichern und ihm das Gefühl zu geben, nicht in Ordnung zu sein? Ganz einfach: Er ist selbst unsicher und hat das Gefühl, selbst nicht in Ordnung zu sein. Wenn Ihr Partner versucht, sein angeschlagenes Selbstbewusstsein auf Ihre Kosten aufzubauen, wenn er sich größer fühlt, nachdem er Sie klein gemacht hat, ziehen Sie die Notbremse! Er hört auf mit diesem bösen Spiel oder Sie gehen. Niemand hat das Recht, Ihr Selbstwertgefühl zu demolieren. Aber Sie selbst müssen dafür sorgen, dass das nicht geschehen kann!

→ AUF EINEN BLICK

Das merke ich mir

- → Männer stehen auf Frauen mit Normalgewicht.
- → Ich brauche keinen Idealmaßen zu entsprechen, um für einen Mann die Traumfrau zu sein.
- → Ob meine Beziehung glücklich ist oder nicht, hängt nicht von meinem Aussehen ab.
- → Ich versuche, mich nicht länger mit den Augen der Männer zu sehen, sondern besinne mich auf das, was ich selbst schön an mir finde.
- → Männern sind meine Schönheitsmacken gar nicht so wichtig.
- → Wenn ich mich hässlich fühle, sind nicht die Männer daran schuld, sondern mein negativer Schönheitscode. Und den kann ich zum Glück ändern.

5. Schritt
Lust
statt leiden

→ Der Bauch zu dick, der Busen zu klein, die Beine zu kurz – Gründe, weswegen Sie Ihren Körper nicht leiden können, fallen Ihnen vermutlich massenweise ein. Aber haben Sie schon einmal darüber nachgedacht, wofür Ihr Körper Ihre Liebe und Ihren Respekt verdient? Wer schön sein will, muss nicht leiden. Sondern sich mit seinem Körper versöhnen und das Leben in vollen Zügen genießen!

Mein Körper, das Krisengebiet

Niemanden beäugen wir so misstrauisch wie ihn. Niemanden behandeln wir so schlecht. Niemanden beschimpfen wir so gemein. Für niemand anderen schämen wir uns so oft. Unser Körper kann einem wirklich Leid tun. Na gut, es gibt Ausnahmen. Aber die meisten Frauen pflegen ein höchst gespaltenes Verhältnis zu ihrer irdischen Hülle. Sie hassen ihren Körper nicht, aber sie lieben ihn auch nicht. Er ist nicht schlecht, aber nie ist er gut genug. Sie fühlen sich nicht zu Hause in ihm, sondern eingesperrt.

» Schön sein bedeutet für mich, dass man sich wohl fühlt in seiner Haut. Viele schleppen ihren Körper nur mit sich herum und lieben sich selbst nicht mehr. «

[Nina Petri, *deutsche Schauspielerin*]

Seit der Pubertät werden wir von dem Gefühl begleitet, DEFEKT ZU SEIN. Wir tasten uns mit Augen und Händen nach Makeln ab, pulen und zerren an uns herum. Hier und hier und hier, das müsste doch alles ganz anders aussehen. So wollen wir nicht sein. Nicht einmal die Frauen mögen sich, deren Schönheit wir so bewundern. Popstars, Schauspielerinnen und Models hungern bis hin zur Essstörung, lassen sich die Brüste mit Silikon aufpumpen oder ihr Gesicht so verändern, dass die eigene Großmutter sie vermutlich auf den ersten Blick nicht wieder erkennen würde. Die englische Therapeutin Susie Orbach sagt über Glamourstars wie Uma Thurman oder Liz Hurley: »All diese Frauen sind Ikonen der Weiblichkeit. Aber sie haben keinen Körper. Womit ich ihre innere Einstellung zu ihrem Körper meine, ihre Selbstwahrnehmung. Das ist sehr tragisch.« (»Emma« 01/2003)

Hilfe, ich bin nicht perfekt!

Warum muss ich diesen Riesenzinken im Gesicht haben? Warum sehen meine Beine aus, als hätte ich sie einem Storch abgeschwatzt? Warum tun meine Haare immer so, als hätten sie die Nacht unter einer Badekappe verbracht? Der einzige Trost in den Stunden der Verzweiflung: Niemandem ist es vergönnt, perfekt zu sein. Und das ist gut so. Denn unsere kleinen Eigenheiten schenken uns das, was man PERSÖNLICHE NOTE nennt. Sie machen uns unverwechselbar und geben uns DAS GEWISSE ETWAS. Voraussetzung ist allerdings, dass wir zu ihnen stehen und sie mit Selbstbewusstsein tragen. Versuchen wir, sie zu verstecken, wirken wir verkrampft, unsicher und wecken bei anderen den Eindruck »Mit der stimmt was nicht«.

MUT ZUM MAKEL zahlt sich aus. Das haben erfolgreiche Frauen aus der Glamourwelt bewiesen. Sie pfiffen auf die Meinung anderer, und einige von ihnen machten ihre angeblichen Schwachstellen sogar zu ihrem MARKENZEICHEN. Superstar und Stil-Ikone Madonna und Schauspielerin Vanessa Paradis ließen keinen Kieferorthopäden an ihre Zahnlücke. Die Sängerin Pink zeigt frech ihr Speckbäuchlein. Stars wie Sarah Jessica Parker und Barbra Streisand tragen selbstbewusst ihre ausgeprägte Nase vor sich her. Ex-Supermodel Cindy Crawford dachte gar nicht daran, sich zu Beginn ihrer Karriere das auffällige Muttermal im Gesicht wegoperieren zu lassen. Und Schauspielerin Jennifer Lopez ertrug tapfer den Spott wegen ihres angeblich zu ausladenden Hinterteils, das es mittlerweile zum berühmtesten Po der Welt und ihr den Status eines Sexsymbols gebracht hat.

Meine Botschaft lautet nicht: ›Seht mir ähnlich‹, sondern: ›Bleibt so, wie ihr seid.‹ Ich wünschte, dass die Frauen merken, dass ich so bin, wie ich bin, mit meiner Zahnlücke, mit meinen Brüsten, die ein bisschen zu groß sind.

[Laetitia Casta, *französisches Model*]

Attraktivität und Anziehungskraft lassen sich weder an tadellosen Schneidezähnen noch an einem makellosen Teint messen. Wir sehen gut aus, wenn wir ENERGIE UND LEBENSFREUDE ausstrahlen, wenn wir uns frei und selbstbewusst bewegen, wenn wir eins mit uns sind, wenn wir in der Lage sind, uns Fehler und Schwächen zu verzeihen. Wer perfekt sein will, wird niemals glücklich werden. Das scheinen viele Frauen zu ahnen. In der »Venus«-Studie (2003) der Zeitschrift »Freundin« wünschten sich fast 40 Prozent der Befragten nichts mehr, als souveräner mit Schwachstellen umgehen zu können.

Dieser Wunsch zeigt: Unsere wirklichen Problemzonen sitzen nicht an unserem Körper, sondern in unserem Kopf. Wenn wir aufhören, an unseren scheinbaren Schönheitsfehlern herumzudoktern, und anfangen, sie endlich als Teil von uns zu akzeptieren, dann sind wir auf dem Weg zu wahrer Schönheit. Denn das Geheimnis der Attraktivität ist nicht ein perfekter Körper, sondern – Sie wissen es bereits – eine POSITIVE AUSSTRAHLUNG. Glänzende Augen, ein strahlendes Lächeln und eine bezaubernde, offene, selbstsichere Art – damit ziehen wir andere Menschen mehr in unseren Bann als mit einer glatt geschliffenen Hülle. Die vermag vielleicht auf einem Werbeplakat oder auf dem Cover einer Zeitschrift zu betören, ist im wahren Leben aber längst nicht alles.

Hallo,
schöne Frau…

… wir sind's, deine Brüste. Ist dir eigentlich klar, wie du mit uns umgegangen bist, die ganzen Jahre? Wir können uns noch sehr genau an die Zeit erinnern, als wir anfingen zu wachsen. Weißt du noch, wie du uns jeden Morgen im Spiegel betrachtet hast, als wären wir eine unheilbare Krankheit? Und jedes Mal, wenn du beim Sport warst, hast du neidisch nach den anderen geschielt. Was haben wir für Vorwürfe zu hören bekommen. Du hast dich für uns geschämt. Dabei sind wir doch nur in unserem Tempo gewachsen. Und dann dieser grauenhafte Donnerstag. Du musstest in der Schule die Tafel wischen, und als du den Schwamm nass gemacht hast, da stellten wir die Brustwarzen auf, und alle Jungs fingen an zu lachen. Du bist puterrot angelaufen. Von dem Tag an war es endgültig vorbei mit unserer Freundschaft. Du hast uns in enge BHs geklemmt und nur noch weite T-Shirts getragen. Du wolltest uns niemandem mehr zeigen. Dabei waren wir so stolz auf uns. Wir fanden uns genauso schön wie die von deinen Freundinnen. Tja, und dann folgte das nächste traurige Kapitel. Männer kamen in dein und unser Leben. Wenn du dich mehr um uns gekümmert hättest, dann hättest du gewusst und den Männern sagen können, dass uns dieses grobe Angrabschen nicht gefällt. Dass Brustwarzen keine Radioknöpfe sind. Und diesen Typen, der meinte, dass er es besser fände, wenn wir größer wären, den hättest du gleich rausschmeißen müssen. Aber dann kam das Highlight. Du wurdest schwanger, und endlich konnten wir dir beweisen, wie wichtig wir für dich sind. Endlich hast du uns schätzen gelernt. Jetzt, wo wir langsam den Kopf hängen lassen, gehst du sogar richtig liebevoll mit uns um, obwohl du nicht gerade glücklich mit unserer Entwicklung bist. Jeden Morgen das Bürsten unter der Dusche, das tut gut. Und dann cremst du uns immer ein. Danke!
In Liebe und Verbundenheit, deine Brüste

Unser bestes Stück: die Brust

Wir hüllen sie in Spitze und Seide. Setzen sie mit Push-ups und tiefen Dekolletés in Szene. Unsere Brüste sind Schmuck, Lockmittel und Ausdruck unserer Weiblichkeit. Die meisten Frauen finden ihren Busen IM GROSSEN UND GANZEN OKAY, haben Umfragen ergeben. Genörgelt wird trotzdem. Wegen der falschen Form, wegen Dehnungsstreifen, weil die Warzenhöfe zu groß, zu klein, zu fleischfarben sind… Hauptbeschwerdegrund ist die Größe. Laut »Maxi« (08/2003) wünschen sich 26 Prozent aller deutschen Frauen mehr Oberweite. Ein großer Busen gilt unter Frauen als besonders attraktiv und sexy. Männer hingegen finden, laut Umfrage, meist genau richtig, was die Liebste zu bieten hat.

» Wäre ich eine Frau, würde ich den ganzen Tag in der Sonne sitzen und mit meinen Brüsten spielen. «

[Steve Martin, *amerikanischer Komiker*]

Jede Brust ist ein KLEINES WUNDERWERK. Egal ob groß oder klein, produziert sie die gleiche Menge Milch, wenn wir ein Baby geboren haben. Und sie ist eine unserer sensibelsten erogenen Zonen. Lassen Sie sich von den Silikon-verstärkten Einheitsbrüsten in den Medien nicht verunsichern. Von Natur aus gleicht kein Busen dem anderen. Unsere Brüste sind so INDIVIDUELL WIE UNSER FINGERABDRUCK. Bei den meisten Frauen ist die eine Brust etwas größer oder anders geformt als die andere. Auch dass die Brüste im Lauf des Zyklus manchmal um eine ganze Körbchengröße anschwellen, ist vollkommen normal. Verbannen Sie alle unnötigen Sorgen über die

Form und Größe Ihrer Brüste aus Ihrem Kopf. Freuen Sie sich darüber, wie gut sie sich anfühlen, wenn Sie sie streicheln oder eincremen. Wie verführerisch sie in einem sexy BH aussehen. Welche Gefühle sie Ihnen beim Sex schenken. Dass sie ein Baby ernähren können. Und dass Ihr Liebster sie liebt, wie sie sind.

» **FAKTEN** **Ab ins Körbchen!**

Achtung: Nur 51 Prozent der Frauen kennen laut Hohensteiner Institut für Textilforschung ihre richtige BH-Größe! 33 Prozent tragen einen viel zu kleinen BH. Das Institut hat beim Nachmessen außerdem festgestellt: Unsere Brüste werden immer größer. Die Wäschehersteller haben reagiert: Früher war Cup B Produktionsstandard, heute ist es Cup C.

Diagnose Brustkrebs

Wie wichtig unsere Brüste für unser Selbstverständnis als Frau sind, wird auf dramatische Weise beim Thema Brustkrebs deutlich. Abgesehen von der lebensbedrohlichen Dimension dieser Krankheit fühlen Frauen sich ZUTIEFST IN IHRER WEIBLICHKEIT VERLETZT und in Frage gestellt. Bin ich noch eine Frau, wenn ich eine oder beide Brüste verliere? Bin ich auch ohne Brüste begehrenswert für einen Mann? Jede achte Frau erkrankt in ihrem Leben an Brustkrebs. Allein in Deutschland sind jährlich mindestens 30 000 Frauen betroffen. Zum Glück wurden in den letzten Jahren die Behandlungsmethoden deutlich verbessert. In den meisten Fällen wird heute selbst bei bösartigen Tumoren brusterhaltend operiert.

Untersuchen Sie Ihre Brüste regelmäßig! Gehen Sie sofort zum Arzt, wenn Sie einen Knoten ertasten! Die Chance, die Krankheit zu besiegen, ist umso größer, je früher sie erkannt wird. Hilfreiche Adressen zum Thema Brustkrebs finden Sie im Anhang auf Seite 189.

Erfahrungsbericht

Ute, 41

Unter der Dusche ertastete ich etwas Hartes in meiner linken Brust. Ein Schock! Sollte ich das gleiche Schicksal erleiden wie meine Mutter, meine Tante, meine Oma? Statt noch am gleichen Tag die vom Gynäkologen empfohlene Mammographie machen zu lassen, buchte ich eine Reise nach Kanada. Nein, ich hatte keinen Krebs! Fünf Jahre später kam ich um eine Mammographie nicht mehr herum. Die Diagnose: Ich hatte einen 1,5 Zentimeter großen Tumor in der Brust. Ob bösartig oder nicht, stand noch nicht fest. Mir war, als hätte mir jemand mein Todesurteil in die Hand gedrückt. Den nächsten Untersuchungstermin schob ich Monate vor mir her. Bevor ich endlich zum Arzt ging, buchte ich eine Seychellen-Reise. Ich redete mir ein, der Tumor sei inzwischen von allein verschwunden. Am Abend vor meinem Abflug rief der Arzt an: »Sie müssen morgen in die Klinik kommen, Ihr Knoten ist noch mal um eineinhalb Zentimeter gewachsen. Wir müssen operieren.« Die fünf Tage bis zur entscheidenden OP waren die Hölle. Danach würde ich wissen, ob ich Krebs habe oder nicht. Ich weinte, schrie, ich wollte nicht sterben, aber ich wollte auch nicht mit nur einer Brust durchs Leben laufen. Meine größte Angst war, was würden die Männer sagen, wenn ich meine Brust verlieren sollte. Ich war verzweifelt und erzählte schließlich einem Freund von meiner Panik. Der sagte: »Ich liebe Brüste. Aber viel wichtiger ist mir doch die Frau, die sie trägt. Ich entscheide doch nicht aufgrund der Brüste, ob ich mit jemandem zusammen sein will oder nicht.« Seine Worte haben mir unglaublich geholfen. Ich ließ die OP machen, und nach zwei Wochen Warten kam die Entwarnung. Kein Krebs! Seither stehe ich zu mir und meinem Körper, so wie er ist. Schade, dass ich erst dieses Erlebnis haben musste, um wach zu werden.

Hilfe, ich bin zu dick!

Frauen sind keine Low-Fat-Produkte. Wir besitzen etwa doppelt so viel Körperfett wie Männer, und das hat seinen Sinn. Sinkt unser Körperfettanteil nämlich unter einen bestimmten Grenzwert, findet kein Eisprung mehr statt und wir werden unfruchtbar. Auch für die Schwangerschaft und Stillzeit brauchen wir Fettreserven. Unsere natürlichen Prädispositionen interessieren die meisten von uns jedoch herzlich wenig. Wir wollen eine FILIGRANE SILHOUETTE, wie das aktuelle Schönheitsideal sie uns vorschreibt.

Der Wunsch, schlank zu sein, entwickelt sich bei vielen zum Wahn. So kommt es, dass selbst schlanke Frauen ihren Körper häufig als fettes, wabbeliges Ungetüm wahrnehmen. Nur wenige schaffen es, sich vom SCHLANKHEITSTERROR made in USA zu befreien – und sich so als schön zu begreifen, wie die Natur sie vorgesehen hat. Größe 42 – oh Gott? Wohl eher guter Durchschnitt. Wir alle hätten zwar gerne eine 36 auf dem Etikett stehen. In Wirklichkeit aber trägt jede Dritte Größe 42 bis 44, hat das Internationale Textilforschungsinstitut Hohenstein herausgefunden. Alles unansehnliche Wuchtbrummen? Nein, alles ganz normale, attraktive Frauen. Die nur nicht in ein künstlich geschaffenes, WILLKÜRLICHES FIGURENRASTER passen.

Ganz gleich, ob wir Größe 38 oder 44 tragen, die ANGST VORM DICKSEIN hat uns fest im Griff. Was tun wir nicht alles, damit keiner bemerkt, wie unförmig wir sind. Unser Bauch-weg-Slip modelliert den Unterleib, High Heels strecken die runden Stampfer, armfreie Tops sind tabu. Nicht was gefällt, wird angezogen, sondern was kaschiert. Was Frauen beim Sex veranstalten, um sich nicht als Moppel zu outen, grenzt an Comedy. Vorsorglich wird der Stecker der Nachttischlampe gezogen. Unser Rekord im Luftanhalten (von wegen flacher Bauch) würde sogar Profitaucher beeindrucken. Stellungen, die die Sicht auf den Hintern freigeben, werden gar nicht erst ins Repertoire aufgenommen. Oben liegen wir auch nicht gerne – die Erfahrung, unter einem Walross begraben zu werden, wollen wir unserem Geliebten ersparen.

Das Dumme an diesen Tarnmanövern ist: Wer sich versteckt, VERLIERT AN AUSSTRAHLUNG. Wirklich attraktiv wirkt eine Frau, die sich nicht um Idealmaße schert, sondern ihre Speckröllchen selbstbewusst in Klamotten verpackt, die sie nach dem Lust- und nicht nach dem Frustprinzip ausgesucht hat. Viel aufregender ist die Geliebte, die ungehemmt ihre Lust auslebt und sich mehr auf ihren Orgasmus als auf ihre Optik konzentriert. Ganz abgesehen von dem Spaß, den sie selbst im Bett hat!

Ich habe irgendwann **eingesehen**, dass ich **keine** rundum perfekte Figur haben **muss**, und **inzwischen** bin ich mit meinem Aussehen sehr **glücklich**.

[Drew Barrymore, *amerikanische Schauspielerin*]

Denken Sie um und definieren Sie Ihr Ziel neu. Sagen Sie nicht mehr: »Ich will schlank sein!«, sondern: »Ich werde lernen, mich in meinem Körper wohl zu fühlen!« Das schließt ja nicht aus, das eine oder andere störende Pfund loszuwerden. Ein GESUNDES GEWICHT ist schließlich Voraussetzung für ein positives Körpergefühl. Noch wichtiger aber ist, sich von dem Wahn zu befreien, nur ein Leben in Größe 36 sei ein gutes Leben. Wenn es Ihnen gelingt, Ihr neues Ziel zu verinnerlichen, werden Sie so viel FREUDE UND GENUSS erleben – und so gut aussehen – wie nie zuvor. Wie notwendig ein Umdenken ist, beweist auch unser gestörtes Verhältnis zum Essen.

Der tägliche K(r)ampf
mit dem Essen

Angst zu verhungern muss in unserer Gesellschaft niemand haben. Trotzdem ist Essen für viele Frauen Thema Nummer eins im Leben. Was? Wann? Wie viel? Unser Problem ist nicht der Mangel an Nahrung, sondern der Überfluss. Champagnertrüffel, Gnocchi in Gorgonzolasoße, Cheeseburger, Käsesahnetorte – können wir alles haben, wenn wir wollen. Und wir würden so gerne. Weil Essen mehr ist als Nahrungsaufnahme. ESSEN IST GEFÜHL. Ein großes Eis mit Sahne tröstet, wenn etwas schief gelaufen ist. Ein cremiger Klumpen Schokolade im Mund macht glücklich. Wenn wir Sushi essen, fühlen wir uns urban und erfolgreich. Gebratene Jakobsmuscheln schenken ein Gefühl von Luxus. Ein süßer Snack an der Tankstelle oder zwischen zwei Konferenzen muntert uns auf. ESSEN IST HÖCHSTER GENUSS, wie ein Orgasmus, sagen manche. Doch leider sind viele der Köstlichkeiten, die uns happy machen, tabu. Weil sie sich in Form von Fettpolstern auf unseren Hüften und Schenkeln niederlassen und so unseren Traum vom Schlanksein zunichte machen.

Bloß nicht zunehmen! Endlich abnehmen! Das heißt für Frauen, das ESSEN ZU KONTROLLIEREN. Täglich gegen die Lust auf Süßes und Fettiges ankämpfen. Ein Kampf, den wir immer wieder verlieren. Wir schlemmen Verbotenes und verachten uns hinterher für so viel Schwäche. Je größer die Angst vor dem Dicksein, desto mehr wird das Thema Essen zur Obsession. Und umso verkorkster ernähren wir uns. Denn je weniger wir essen wollen, desto mehr denken wir daran – bis in den Schlaf verfolgen uns Schlaraffenlandbilder von gedeckten Tafeln und gefüllten Tellern. Immer größer wird der Heißhunger auf alles, was wir uns versagen. Haben wir der Versuchung mal wieder nachgegeben, lautet die typische Reaktion: »Ab Montag bin ich auf Diät!«

Fast jede Frau hat bereits mindestens eine Diät gemacht. Wer will schon auf seinem Weihnachtsspeck sitzen bleiben? Oder ohne Bikinifigur in den Sommer starten? Millionen Frauen schlucken Appetitzügler, Abführmittel oder Schwämme, die den Magen füllen. Sie essen nur noch die Hälfte, Kohlsuppe, Trennkost oder nach der Montignac-Methode. Ein paar Wochen halten sie tapfer durch und nehmen ein paar Kilo ab. Danach essen sie wieder nach dem normalen Speiseplan, und noch ein paar Wochen später sind die Kilo wieder an ihrem alten Platz – ein paar Extrapfunde inklusive. Der Jojo-Effekt lässt grüßen.

Man kann es gar nicht oft genug wiederholen: **DIÄTEN MACHEN KRANK UND FETT!** Zahlreiche Studien haben eine endlose Liste von Gesundheitsrisiken nachgewiesen: Abbau von Muskeln, Knochen und sogar Gehirnzellen, Herzbeschwerden, Gallensteine, Blutarmut, Bluthochdruck, Haarausfall, Schwindelanfälle, verringerte Abwehrkräfte und so weiter. Zu der versprochenen schlanken Linie jedoch verhelfen Diäten in über 90 Prozent der Fälle nicht. Die Gründe für das vorprogrammierte Scheitern sind seit Jahren bekannt. Wenn wir hungern oder uns einseitig ernähren, schaltet der Körper auf Sparflamme. Er fährt den Stoffwechsel herunter und verbrennt auch nach der Diät für eine ganze Weile weniger als vorher, um einen Fettvorrat für die nächste Hungersnot speichern zu können. Im Klartext heißt das: Sobald wir uns wieder normal ernähren, nehmen wir zu.

Im schlimmsten Fall kann der Kampf um die Traumfigur durch ständiges Diäthalten zu einer **ESSSTÖRUNG** führen, sagen Experten. Hunderttausende Frauen jeden Alters leiden in Deutschland an Magersucht, Bulimie (Ess-Brech-Sucht) oder Fettsucht. Ob Sie gefährdet sind, zeigt der folgende Test. Wenn Sie eine oder mehrere dieser Verhaltensweisen schon seit Monaten an sich beobachtet haben, dann sind das deutliche Hinweise dafür, dass Ihr Essverhalten gestört ist. Sie sollten unbedingt etwas unternehmen. Hilfreiche Adressen finden Sie im Anhang ab Seite 188.

Bin ich essgestört?

Die Beratungs- und Therapieeinrichtung ANAD e.V. (Adresse siehe Anhang, Seite 188) hat einen Test entwickelt, mit dem Sie Ihr Essverhalten überprüfen können.

Essen ist mit Ängsten verbunden

Sie haben ständig Angst, zu viel zu essen und dadurch zuzunehmen. Sie kontrollieren Ihr Gewicht sehr streng und ändern Ihr Essverhalten bei einer geringfügigen Zunahme sofort.

Essen gegen Stress

Sie neigen dazu, Misserfolge, Enttäuschungen und andere negative Gefühle durch Essen zu kompensieren – das berühmte »Frustessen«.

Essen beherrscht Ihr Denken

Sie sind von morgens bis abends nur damit beschäftigt, Kalorien zu zählen und Ihre Mahlzeiten zu planen. Sie verwenden so viel Energie darauf, dass andere Dinge zu kurz kommen.

Essen mit Kontrollzwang

Spontan etwas zu essen, weil Sie Lust darauf haben, und es einfach nur zu genießen, das können Sie schon gar nicht mehr. Sie halten sich an strenge Diätpläne und teilen Lebensmittel ganz genau in »erlaubte« und »verbotene« ein.

Essen als unbekannte Größe

Sie können nicht mehr einschätzen, wie groß eine vernünftige Mahlzeit ist. Manchmal stürzt Sie schon eine kleine Menge von süßem oder fettem Essen in fürchterliche Gewissenskonflikte.

Essen ohne Gefühle

Sie haben schon lange keine Hungergefühle mehr verspürt und/oder wissen nicht mehr, wie es ist, sich angenehm satt zu fühlen, weil Sie regelmäßig über die Sättigung hinaus essen.

Essen außer Kontrolle

Sie essen nicht in regelmäßigen Abständen oder zu festgelegten Mahlzeiten, sondern mal viel, mal wenig, mal direkt aus dem Kühlschrank, ohne den Überblick zu behalten. Oder Ihr ansonsten sehr kontrolliertes Essverhalten wird durch Heißhungeranfälle unterbrochen. Sie leiden darunter, völlig die Kontrolle über sich zu verlieren.

Erfahrungsbericht

Anne, 38, hatte Bulimie

Ich war 25, als bei mir die Bulimie ausbrach. Mir ging es sehr schlecht, ich war traurig, ich fühlte mich allein. Und wie immer, wenn ich mich ungeliebt fühlte, fand ich mich zu dick. Da habe ich es einfach mal ausprobiert, das Fressen und Kotzen. Das Schöne daran war, sich endlich mal richtig satt essen zu können, ohne die Angst, morgen hast du zwei Kilo mehr. Ich aß alles, was ich mir vorher verboten hatte. Das Kotzen sollte sich ja lohnen. Aber geschmeckt hat es mir nicht wirklich. Je länger ich Bulimie hatte – insgesamt waren es acht Jahre –, umso mehr aß ich. Es war eine wahnsinnige Gier nach Fülle und danach eine wahnsinnige Gier nach Leere. Nach drei Jahren erzählte ich meiner Mutter von meiner Sucht. Sie war schockiert, konnte es nicht begreifen. Als ich mich auch bei einer Freundin outete, kam heraus, dass meine Freunde es längst bemerkt, aber nichts gesagt hatten, weil sie nicht wussten, wie sie damit umgehen sollen. Meine Mutter und meine Freunde konnten mir zwar nicht helfen, aber ich war erleichtert, dass sie sich nicht von der ekligen Anne abwendeten. Irgendwann fand ich es nur noch scheußlich, jeden Tag bis zu sechs Mal zu kotzen. Ich wollte die Bulimie loswerden und machte eine Verhaltenstherapie. Doch die hat nichts gebracht. Dann habe ich mich in einen Mann verliebt. Durch ihn habe ich das erste Mal wieder Anerkennung als Frau bekommen. Wenn wir zusammen waren, habe ich nie gekotzt. Und nach einem Urlaub war es endgültig vorbei. Die Not und die Gier waren weg. Ich glaube, hinter meiner Sucht nach Essen hatte die ganze Zeit die Sucht nach Liebe gesteckt. Und durch diesen Mann habe ich die Nahrung bekommen, die ich gesucht hatte. Bulimie ist nichts, wofür man sich schämen muss. Es ist wichtig, den Mut zu finden, sich zu outen und Hilfe zu suchen.

Der Weg zum neuen Körpergefühl

Eines sollten wir uns klarmachen: Ob es uns gefällt oder nicht, wir haben nur diesen einen Körper. Den können wir weiter zum Krisengebiet erklären und uns von dem Gefühl, ein Mängelexemplar zu sein, die Laune verderben lassen. Oder wir entscheiden uns, so wie er ist, glücklich mit ihm zu werden. Das ist sicher die bessere Wahl. Denn wer sich wohl fühlt in seiner Haut, der fühlt sich auch schön und hat mehr Spaß im Leben.

Der erste Schritt auf dem Weg zu einem positiven Körpergefühl ist ein Machtwechsel. Von heute an sind Sie der Boss! Nicht mehr andere entscheiden, was gut und richtig für Sie ist, sondern Sie allein.

Kennen Sie das? Der Abend bei Freunden war herrlich. Sie haben gelacht, getrunken, gegessen. Sie sind gut drauf – bis Sie auf die Waage steigen. »Oh verdammt, zugenommen! Hätte ich bloß das Tiramisu weggelassen!« Aber gerade das hat Ihnen doch so geschmeckt. Und Ihnen geht es großartig nach diesem lustigen, genussvollen Abend. Warum lassen Sie sich von einem Gerät diktieren, ob Sie sich gut fühlen dürfen oder nicht?

5

» Ich steige nie – nie! – auf eine Waage, weil ich selbst genau weiß, wann ich zugenommen habe. Zu viel auf der Waage zu stehen macht mir schlechte Laune und sorgt dafür, dass ich den Rest des Tages nur noch ans Essen denke. «

[Barbara Schöneberger, *deutsche Entertainerin*]

Die Waage ist die natürliche Feindin der Frau! Denn wer sich jeden Morgen und Abend oder gar nach jeder Mahlzeit wiegt, der überlässt der Waage das Urteil, ob es ein guter oder schlechter Tag ist, ob man zufrieden oder unzufrieden ins Bett geht, ob man ein gutes oder ein schlechtes Mädchen ist. Tun Sie sich das nicht länger an! Ihr Körper wird es Ihnen schon sagen, wenn Sie über die Stränge geschlagen haben und was er braucht, um **WIEDER IN BALANCE** zu kommen. Wer Übergewicht hat und abnehmen möchte, kann seine Waage als Kontrollinstanz nutzen, bis ein gesundes Gewicht erreicht ist. Alle anderen sollten die kleine Diktatorin sofort in den Keller verbannen.

Der Gewichts-Check

Nicht jede Frau, die sich zu dick findet, ist ein Opfer des Schlankheitswahns. Vielleicht müssen Sie wirklich an Ihrer Figur arbeiten, bevor Sie sich wohl in Ihrem Körper fühlen können. Ob Sie tatsächlich zu viele Kilo mit sich herumschleppen, verrät Ihnen der so genannte Body Mass Index (BMI).

» FAKTEN **Der Body Mass Index**

Der BMI berechnet sich wie folgt: das Körpergewicht in Kilogramm (z. B. 68 kg) geteilt durch die Körpergröße in Metern (z. B. 1,70 m) zum Quadrat. In diesem Fall lautet die Rechnung 68 geteilt durch 2,89 (1,7 mal 1,7), das ergibt einen BMI von 23,5. Ein BMI von 18,5 bis 25 steht für Normalgewicht, alles darüber und darunter bedeutet entweder Über- oder Untergewicht.

Wenn Ihr BMI Übergewicht meldet, sollten Sie versuchen abzunehmen. Aber setzen Sie sich erstens ein vernünftiges Ziel und setzen Sie zweitens auf Geduld statt auf Diäten! Nur wer seine Ernährung langfristig umstellt und seinem Körper regelmäßige Bewegung verordnet, wird ein gesundes WOHLFÜHLGEWICHT nicht nur erreichen, sondern auch auf Dauer halten können.

Was mein Körper wirklich braucht

Machen Sie zunächst einmal eine Bestandsaufnahme: Wie nett sind Sie zu Ihrem Körper? Empfinden Sie die Beschäftigung mit ihm als lästig? Was tun Sie alles für Ihre Gesundheit? Was für Ihr Aussehen? Wie viel Zeit investieren Sie jeden Tag? Wie oft tun Sie Ihrem Körper etwas Gutes? Ist das, was Sie für ihn tun, wirklich gut für ihn? Schalten Sie Ihre Antennen auf Empfang! Finden Sie heraus, was Ihr Körper braucht, um GESUND, FIT UND SCHÖN zu sein. Lernen Sie seine Signale zu lesen. Und versuchen Sie, seinen Bedürfnissen gerecht zu werden. Nicht irgendwann, sondern dann, wenn er sie anmeldet.

Bewege mich!

Wir sind nicht zu einem Dasein als Couch-Potatoe geschaffen. Unser Körper braucht regelmäßige Bewegung. Sie hilft, ein gesundes Gewicht zu halten, bringt unseren Stoffwechsel auf Trab, hebt unsere Stimmung, schenkt eine tolle Ausstrahlung und macht uns widerstandsfähiger gegen Stress. Gesundheitsexperten empfehlen, regelmäßig Sport zu treiben. Das heißt nicht unbedingt dreimal die Woche Fitnessstudio oder Joggen. Suchen Sie sich eine Sportart, die zu Ihnen passt. Leistungstypen powern sich gerne beim Laufen, Tennis oder Boxen aus. Andere verbinden Bewegung bei Yoga oder Pilates mit Entspannung. Wieder andere lieben Rhythmus, Sinnlichkeit und erotische Spannung und entscheiden sich für Salsa, Bauchtanz oder Tango. Probieren Sie aus, bei welcher Art von Bewegung Sie sich am wohlsten fühlen – und reservieren Sie mindestens einmal die Woche ein paar Stunden für Ihren Sport. So bleiben Sie auch im Alltag in Schwung:

Treppe statt Lift und Rolltreppe, zu Fuß oder per Rad zur Arbeit, Spaziergang statt Abhängen. Im Büro etwa alle 30 Minuten aufstehen, ein paar Schritte gehen, die Glieder strecken. Das hilft auch gegen schmerzhafte Verspannungen. Im Sitzen zwischendurch mit den Füßen kreisen.

Pflege mich!

Unsere Haut ist unser größtes Organ und hoch sensibel. Gegen falsche Behandlung wehrt sie sich mit Rötungen und Spannungsgefühl. Fehlenden Sonnenschutz quittiert sie mit einem Sonnenbrand. Mangelnde Pflege lässt sie schuppig und rau werden. Beobachten Sie Ihre Haut: Kommt sie besser mit Hightech-Kosmetik klar oder mit Produkten auf Naturbasis? Braucht sie im Winter eine besonders reichhaltige Creme? Gute Pflege bedeutet nicht, sein Bad wahllos mit möglichst teuren Kosmetikprodukten zuzupflastern. Finden Sie heraus, welche Produkte speziell zu Ihrem Hauttyp passen.

» FAKTEN **Pflegeprogramm**

Welche Pflegeprodukte verwenden Sie? Gefragt wurden Frauen von 14 bis 64 Jahren. Das Ergebnis in Prozent:

Ich persönlich verwende	täglich	mehrmals pro Woche	etwa einmal pro Woche	nie
Tagescreme	49	14	6	19
Nachtcreme	27	10	5	47
Lippenpflege	14	16	11	39
Augencreme	9	6	5	64
Handcreme	48	25	8	7
Körpermilch/Körperlotion	19	29	20	16

Quelle: »Brigitte KommunikationsAnalyse« 2002

Haben Sie schon einmal in der Umkleidekabine oder am Strand Frauen beim Eincremen beobachtet? Einige rubbeln sich die Creme, das Körperöl oder die Lotion hastig und lieblos auf die Haut, als würden sie einen alten Schuh polieren. Was nutzen all unsere wunderbaren Pflegeprodukte, wenn wir sie nicht genießen? ZELEBRIEREN Sie die Gesichts- und Körperpflege. Weil Sie es sich wert sind! Und verfahren Sie nicht nach dem Motto: »Ich mag dich nicht, aber ich creme dich trotzdem ein!«

Schenk mir Ruhe!

Wer viel leistet, braucht ausreichend Regenerationsphasen, das heißt ENTSPANNUNG UND SCHLAF. Nehmen Sie sich mindestens einmal am Tag eine fünf- bis zehnminütige AUSZEIT und nutzen Sie diese für eine kleine Entspannungsübung. Schultern und Arme locker hängen lassen, Bein-, Bauch- und Kiefermuskulatur entspannen. Die Augen schließen, tief und bewusst atmen und einfach nur SEIN. Versuchen Sie, an nichts zu denken, vergessen Sie für ein paar Augenblicke Ihren Job, Ihre Probleme, Ihre Kollegen. Danach geht's mit frischer Energie weiter mit dem Tagesgeschäft. Sorgen Sie für genug Momente in Ihrem Leben, in denen Sie zur Ruhe kommen und Kraft auftanken. Denken Sie darüber nach, was Sie als besonders entspannend empfinden – und tun Sie's, wann immer Ihr Körper danach verlangt!

Sie sind todmüde, aber der Film im Fernsehen ist superspannend? Egal, gehen Sie ins Bett. Unser Körper braucht seinen SCHÖNHEITSSCHLAF. Während wir schlummern, werden zum Beispiel Zellschäden repariert und die Haut und Organe mit Nährstoffen versorgt. Optimal sind rund sieben Stunden Schlaf pro Nacht. Ideale Raumtemperatur für einen gesunden, erholsamen Schlaf sind 18 Grad. Um Schlafstörungen zu vermeiden, achten Sie auf einen regelmäßigen Schlaf-Wach-Rhythmus.

Ernähre mich!

Richtig essen müssen die meisten von uns erst wieder lernen. Wer sich gesund ernähren will, sollte sich an FÜNF REGELN halten, sagt die international anerkannte Expertin Susie Orbach (2003):

1. Essen Sie, wenn Sie hungrig sind. Wenn Sie keine Ahnung haben, ob Sie hungrig sind, essen Sie nicht.
2. Essen Sie, worauf Ihr Körper hungrig ist. Keine Regeln, keine Verbote. Essen Sie, was Sie wollen.
3. Genießen Sie jeden Bissen. Versuchen Sie, einfach nur zu essen, sonst nichts.
4. Hören Sie auf zu essen, wenn Sie satt sind. Man merkt leichter, dass man satt ist, wenn man langsam isst und dem Essen seine volle Aufmerksamkeit schenkt.
5. Finden Sie heraus, warum Sie essen, wenn Sie keinen Hunger haben. Zum Beispiel aus Einsamkeit oder Frust.

Manchmal dauert es viele Monate, bis man jahrelanges chaotisches Essen wieder verlernt hat, erklärt Susie Orbach. Aber mit Geduld können Sie es schaffen. Am Anfang werden Sie wohl etwas zunehmen, weil Ihr Körper alles verlangt, was Sie sich die ganze Zeit verkniffen haben. Geben Sie Ihren Gelüsten maßvoll nach. Ist der HEISSHUNGER auf Schokolade und Schweinebraten erst einmal gestillt, wird er sich nur noch ab und an melden. Stattdessen wächst Ihr Appetit auf Salat, Obst und Gemüse. Ihr Körper verlangt mit der Zeit nur noch nach dem, was er braucht – und Ihr Gewicht wird sich auf einem gesunden Level einpendeln. Versuchen Sie, möglichst oft selbst zu kochen, und verwenden Sie viele frische Zutaten. Kochen Sie, was Ihnen schmeckt, und essen Sie von schönem Geschirr. So wird Essen wieder zu dem, was es sein soll: eine Energie- und Genussquelle!

20 Tipps
für ein positives Körpergefühl

Die Bedürfnisse des eigenen Körpers zu kennen und zu befriedigen ist eine Grundvoraussetzung dafür, dass wir uns schön fühlen können. Die andere ist, ihn so zu mögen, wie er ist. Die folgenden Tipps und Anregungen sollen Ihnen helfen, mit Ihrem Körper Freundschaft zu schließen.

1 ENTSCHEIDUNG: Stellen Sie sich vor Ihren Badezimmerspiegel, schauen Sie sich in die Augen und erklären Sie, Ihren Körper so anzunehmen, wie er ist. Auch wenn Sie sich blöd dabei vorkommen, sagen Sie laut: »Hallo Körper, ab jetzt werden wir Freunde sein!« Sprechen Sie diesen Satz von nun an mindestens einmal täglich laut aus. Zur Erinnerung können Sie ihn auf kleine Zettel schreiben und sie im Portemonnaie, im Tagebuch, auf dem Nachttisch, im Schminktäschchen … deponieren.

2 HITLISTE: Gehen Sie Ihren Körper von Kopf bis Fuß durch und sortieren Sie alle Partien – Ohrläppchen, Lippen, Kinn, Oberarme, Fingernägel, Bauchnabel, Knie, Fesseln, Zehen … – nach drei Kategorien: 1. Mag ich. 2. Ganz okay. 3. Würde ich am liebsten verändern. Wetten, unter 3. landet weniger, als Sie glauben! Lassen Sie Gnade walten und seien Sie freundlich zu Ihren Schwachstellen. Dann können sie Ihrer Attraktivität nichts anhaben. Nehmen Sie Ihre Schokoladenseiten nicht einfach als gegeben hin, sondern freuen Sie sich jeden Tag, dass es sie gibt.

3 KÖRPER-ARBEIT: Was würden Sie gerne für Ihren Körper tun? Warum tun Sie es nicht längst? Überlegen Sie, wozu Sie wirklich bereit sind, und setzen Sie sich konkrete, realistische Ziele. Sagen Sie nicht

5

»Ich möchte mich gesund ernähren«, sondern »Ab heute kaufe ich einmal die Woche auf dem Markt frisches Obst und Gemüse« oder »Ab heute nehme ich mir die Zeit, die ich brauche, um mein Essen genießen zu können«. Sagen Sie nicht »Ich möchte festere Schenkel haben«, sondern »Ab heute fahre ich zweimal die Woche mit dem Rad in die Arbeit«. Streichen Sie faule Ausreden und falsche Glaubenssätze wie »Ich habe einfach keine Zeit, ich bin eben ein undisziplinierter Mensch, bei mir hat Sport sowieso keinen Sinn …« aus Ihrem Kopf. So erreichen Sie Ihre Fitness- oder Wellnessziele – und können stolz auf sich und Ihren Körper sein.

4 ALLE ACHTUNG: Das blöde Haar will mal wieder nicht sitzen, der fette Hintern sprengt die Hose, die prallen Fußballerwaden passen in keinen Stiefel – mit dem Schimpfen und Fluchen sind wir schnell zur Stelle. Aber wie sieht's eigentlich mit dem Loben aus? Haben Sie schon einmal daran gedacht, was Ihr Körper alles leistet? Er schenkt uns Lustgefühle beim Sex, Hochgefühle beim Sport. Unsere Beine schleppen uns jeden Berg hoch. Unser Busen verführt unseren Liebsten zu Zärtlichkeiten. Unsere Hände vollbringen wahre Wunder an Feinmotorik. Großartig, oder? Loben Sie Ihren Körper doch mal dafür!

5 KOPF HOCH: Achten Sie auf Ihre Körperhaltung! Wenn Sie aufrecht durchs Leben gehen, strahlen Sie nicht nur Stärke, Anmut und Attraktivität aus, Sie nehmen sich auch selbst entsprechend wahr. Probieren Sie's: Kinn hoch, Schultern runter und nach hinten, Brust raus, schon steigt Ihr Selbstwertgefühl.

6 UNVOLLKOMMEN SCHÖN: Schmetterlinge sind wunderschön. Egal, ob ihre Flügel gleich groß, die Punkte darauf gleichmäßig verteilt oder ihre Fühler gleich lang sind. Warum also sollten Sie irgendwelchen Idealmaßen entsprechen müssen, um sich schön fühlen zu dürfen? Das sollten Sie sich ins Gedächtnis rufen, wenn die Selbstzweifel Sie mal wieder in die Mangel nehmen.

7 **TOLL IN FORM:** Die Packpapier-Übung soll Ihnen helfen, Ihre Formen realistisch wahrzunehmen und sich mit ungeliebten Körperstellen zu versöhnen. Laden Sie mindestens eine gute Freundin zu sich nach Hause ein und los geht's. Sie brauchen: Papier und Stifte zum Schreiben, eine Rolle Packpapier, einen dicken Stift oder Malkreide zum Zeichnen, Buntstifte oder Wasserfarben zum Verzieren. Legen Sie sich nacheinander auf ein körpergroßes Stück Packpapier und zeichnen Sie mit dem dicken Stift oder der Malkreide den Umriss Ihrer Körper nach. Schauen Sie sich Ihren Umriss ganz genau an – bei den meisten Frauen ist er schmaler, als sie ihn bislang im Spiegel wahrgenommen haben. Dann setzen Sie sich vor Ihr Körperbild und sagen ihm schriftlich die Meinung. Schreiben Sie alles auf, was Ihnen täglich an negativen Sätzen durch den Kopf geht: An die Nase »Ich mag den hässlichen Höcker auf dir nicht«, an den Hintern »Du bist scheußlich breit«, an die Brüste »Ihr seid so mickrig«, an die Oberarme »Ihr seid labberig« und so weiter. Jetzt überlegen Sie, was Sie ändern könnten, damit Sie sich wohler in Ihrem Körper fühlen. Wer kann denn zum Beispiel etwas dafür, wenn die Arme labberig sind oder der Hintern dick ist? **Sie** mampfen doch all die Schokomuffins, **Sie** liegen jeden Abend faul vor dem Fernseher, **Sie** haben Ihre Tennisausrüstung in den Keller gesperrt! Versprechen Sie Ihrem Körper, in Zukunft besser auf ihn zu hören und seinen Bedürfnissen gerecht zu werden, dann werden Sie zufriedener mit ihm sein. Überdenken Sie Ihre Einstellung: Klar ist Ihr Körper nicht perfekt, aber er ist einzigartig! Es gibt ihn nur ein Mal auf dieser Welt. Er hat es verdient, so wie er ist, von Ihnen angenommen und geachtet zu werden. Nehmen Sie die Buntstifte oder Wasserfarben und verzieren Sie alle ungeliebten Partien auf Ihrem Körperbild. Schreiben Sie versöhnliche Sätze auf die entsprechenden Stellen, schmücken Sie sie mit Blumen, Mustern, was immer Sie wollen. Niemand zwingt Sie, Ihre Schönheitsfehler zu lieben. Es reicht schon, von heute an ein wenig netter zu ihnen zu sein.

8 **HALLO, DU SCHÖNE:** Lächeln Sie sich ab und an im Spiegel oder in einer Schaufensterscheibe zu. Das hebt die Laune, und damit steigt auch Ihre Anziehungskraft. Je freundlicher wir in die Welt schauen, desto freundlicher schaut die Welt zurück.

9 **LET'S DANCE:** Dazu müssen Sie nicht unbedingt in einen Club oder in ein Tanzstudio gehen. Einfach Musik aufdrehen und losswingen! Tanzen hebt nicht nur die Stimmung, sondern macht gesund und schön, sagen Mediziner und Tanztherapeuten. Die rhythmische Bewegung verbessert außerdem die Selbstwahrnehmung und die Selbstakzeptanz. Wir fühlen uns sinnlich, sexy und eins mit unserem Körper.

10 **KLEIDERORDNUNG:** Ungeschminkt würden Sie nicht mal die Morgenzeitung aus dem Briefkasten holen? Schluss mit der Angst vor unperfekten Auftritten! Gehen Sie ohne Make-up oder in alten Jeans und T-Shirt zum Supermarkt. Tragen Sie im Büro einen Baumwoll-BH statt Push-up. Lassen Sie einfach mal die Wimperntusche weg. Sie fühlen sich unsicher? Haben Angst, dass die Leute Sie schief angucken? Halten Sie's aus. Der Mut zum Unperfekten schenkt neues Selbstbewusstsein.

11 **SINNESLUST:** Atmen Sie den Duft eines Sommerregens oder Ihres Lieblingsparfüms ein. Schwelgen Sie in den Farben eines Blumenstraußes. Spüren Sie beim Essen jeder Geschmacksnuance nach. Genießen Sie beim Schwimmen das Wasser und beim Küssen die Lippen des Liebsten auf Ihrer Haut. Werden Sie sich bewusst, was Ihr Körper Ihnen jeden Tag an sinnlichen Erlebnissen beschert.

12 **GLEICHES RECHT FÜR ALLE:** Jeder Körperteil hat unsere Aufmerksamkeit verdient. Doch leider kommen einige Partien immer zu kurz. Die Ohren kriegen keine Sonnencreme ab, der Rücken geht beim Eincremen nach dem Duschen leer aus. Am meisten aber vernachlässigen wir die Schwerstarbeiter ganz unten: unsere Füße. Auf ihnen lastet unser ganzes Gewicht, sie balancieren uns beim Gehen und Stehen in die richtigen Positionen und federn Erschütterungen

ab. Wie wäre es, sich für diese Höchstleistungen ab und zu mit einer Massage zu bedanken oder sie zumindest nicht jedes Mal beim Eincremen zu vergessen?

13 **VERFÜHRUNGSKUNST:** Sie brauchen keine Schönheit zu sein, um auf andere bezaubernd zu wirken. Wer mit sich im Reinen ist und Wohlgefühl ausstrahlt, in dessen Gegenwart fühlen auch andere Menschen sich wohl. Und wer uns ein gutes Gefühl gibt, den empfinden wir als schön. Noch ein Grund mehr, sich schnellstens mit seinem Körper zu versöhnen!

14 **IT'S SHOWTIME:** Verstecken Sie sich nicht! Auch und gerade dann nicht, wenn auf Ihrem Kinn ein blumenkohlartiger Pickel blüht, Ihre Frisur mal wieder auf Sturm steht oder Ihre Oberschenkel im Spiegel plötzlich die Ausmaße von Gurkenfässern annehmen. Wer sich trotz Schönheitskrise auf eine coole Party oder zu einem wichtigen Event wagt, stellt ganz schnell fest, dass die optische Katastrophe nur in der eigenen Wahrnehmung stattfindet. Wir sind eben schöner, als wir glauben!

15 **GESCHMACKSKONTROLLE:** Warum finden Sie Ihren Busen nicht so toll? Warum mögen Sie Ihre Zehen nicht? Weil die Brüste der Models und Stars in den Zeitschriften anders aussehen? Weil Ihr Freund gesagt hat, dass er Füße eigentlich nicht mag? Gucken Sie sich Ihre angeblich hässlichen Körperteile noch einmal genau an. Entdecken Sie wirklich nichts Schönes an ihnen? Vielleicht müssen Sie einfach nur etwas mit Nagellack oder einem hübschen BH nachhelfen.

16 **KÖRPERKUNST:** Raus aus dem Alltag, weg vom gewohnten Anblick. Beim Bodypainting können Sie Ihren Körper ganz neu erleben. Von Kopf bis Fuß werden spezielle Körperfarben aufgetragen. Das ist nicht nur eine höchst sinnliche, angenehme, entspannende Erfahrung. Beim Bemalen ihrer Haut entdecken die meisten Frauen ihren Körper vollkommen neu. Viele empfinden sich zum ersten Mal seit Jahren als schön. Problemzonen verwandeln sich vor ihren Augen in fantastische

Kunstwerke, an denen sie sich gar nicht satt sehen können. So schön bin ich! Für viele Frauen ist es wie eine Initialzündung. Sie bekommen neues Selbstbewusstsein und können sich selbst besser akzeptieren.

Und so geht's: Sie können das Spiel mit den Farben natürlich erst mal allein ausprobieren. Mehr Spaß aber macht es gemeinsam mit anderen, zum Beispiel einer guten Freundin oder dem Partner. Sie brauchen: hochwertige, abwaschbare Körperfarben (Bestelladresse siehe Anhang Seite 189), wer mag, einen Pinsel, ein Bettlaken oder große Handtücher, einen Spiegel, einen Fotoapparat. Sorgen Sie dafür, dass es im Raum kuschelig warm ist, Sie sind schließlich die ganze Zeit nackt. Stellen Sie etwas zum Knabbern und Trinken bereit und schalten Sie Handy und Telefon aus. Dann ran an die Farben! Pinsel oder Finger eintauchen und nach Lust und Gefühl drauflosmalen. Sie können sich komplett im Alleingang bemalen oder die Vorderseite selbst gestalten und die Rückseite jemand anderem überlassen. Wer's bequem mag, legt sich dazu auf das Laken oder die Handtücher. Als Finale sollten Sie das Kunstwerk unbedingt fotografieren. Wenn Sie allein sind, einfach das Spiegelbild ablichten.

Erfahrungsbericht

Christina, 41

Bei einem Ausflug an die Isar hatte meine Freundin Bodypainting-Farben dabei. Irgendwann im Lauf des Nachmittags fingen wir an, uns damit zu bemalen. Zuerst war ich gehemmt, fand das alles etwas peinlich und habe ganz zaghaft meine Beine mit Farbe bestrichen. Dann wurde ich mutiger, benutzte knalligere Farben und bedeckte schließlich begeistert meinen ganzen Körper, den Rücken ausgenommen, mit Mustern und Zeichen. Lustigerweise haben gerade meine Hüften und mein Bauch, die ich sonst nicht so mag und beim Eincremen immer total lieblos abfertige, besonders viel Beachtung und meine Lieblingsfarben abbekommen. Den Rücken haben wir uns gegenseitig bemalt. Als ich vollkommen mit Farbe bedeckt war, hatte ich das Gefühl, komplett angezogen zu sein. Es war mir auch nicht peinlich, als meine Freundin Fotos von mir gemacht hat. Ich hatte überhaupt keine Scheu, mich nackt zu zeigen. Wir stellten uns an Felsen, legten uns ins Wasser, räkelten uns im Kiesbett. Durch die Sonne und das Wasser wurden die Farben reflektiert und sahen einfach gigantisch aus.

Im Nachhinein habe ich die Verwandlung als pure Lust empfunden. Es hat mir wahnsinnig Spaß gemacht. Das Tolle ist auch, dass es gar nicht ums »schön« malen ging. Ich hatte das Gefühl, nichts falsch zu machen, egal welche Muster, Farben, Formen ich wählte. Es sah einfach gut aus. Mir ist aufgefallen, dass sich beim Bodypainting die Kriterien ändern. Es geht nicht ums Schlanksein oder so. Der Körper, die Haut wird zur Leinwand. Und ob hier und da ein Speckröllchen, eine Delle oder sonst eine Unebenheit zu sehen ist, ist egal. Es wird nicht beurteilt, sondern gespürt, erfahren, geschmückt, verschönert. Es ist ein sich Anfreunden und Wertschätzen. Als wir am frühen Abend nach Hause aufbrechen mussten, waren wir richtig traurig, unsere Kunstwerke dem Wasser übergeben zu müssen. Diese Erfahrung kann man jeder Frau nur wünschen. Ich kann nur sagen: Do it!

17 VIELEN DANK: Die meisten Frauen registrieren jeden noch so kleinen Schönheitsfehler an sich. Über ihre optischen Vorzüge dagegen gehen sie einfach hinweg. So werden Sie sicher nicht glücklich mit Ihrem Körper. Ihre glänzenden Haare, Ihre schlanken Finger, Ihre ausdrucksstarken Augen, Ihre wohlgeformten Knie sind ein Geschenk, für das Sie dankbar sein sollten. Wissenschaftler sagen, wer dankbar ist, ist glücklicher und zufriedener im Leben – und netter zu anderen Menschen. Gehen Sie in sich und versuchen Sie sich in der Kunst der Dankbarkeit. Wenn Sie sich bei einem undankbaren Gedanken

erwischen, neutralisieren Sie ihn mit einem dankbaren: »Meine Ohren sind so hässlich.« – »Aber ich bin dankbar, dass ich so eine schöne Nase habe.« »Meine Beine sind so kurz geraten.« – »Aber ich bin dankbar für mein schönes Dekolleté.« Als Übung können Sie sich jeden Abend vor dem Einschlafen etwas überlegen, wofür Sie, Ihr Aussehen betreffend, dankbar sind: »Ich bin dankbar, dass ich so viele Komplimente für meine Augen bekomme.« »Ich bin dankbar, dass ich so eine reine Haut habe.« »Ich bin dankbar, dass meine Zähne aussehen wie aus einer Zahnpastawerbung.« … Sie werden sich wundern, wofür Sie alles dankbar sein können. Und wie viel besser Sie sich mit dieser Haltung fühlen!

18 TABUWORT: »Mein Busen ist zu klein.« »Meine Taille ist zu breit.« »Ich bin zu dick.« Warum eigentlich »zu«? Mit diesem kleinen Wort geben wir uns das Gefühl, nicht passend zu sein. Nicht dazuzugehören. Lassen Sie das »zu« künftig weg, wenn Sie sich selbst beschreiben. »Mein Busen ist klein.« Stimmt. Aber keineswegs zu klein, um schön zu sein. »Ich bin dick.« Mag sein. Aber Sie sind nicht zu dick für irgendetwas, worauf Sie Lust haben.

19 GLÜCKSFORMEL: Formulieren Sie positive Glaubenssätze, zum Beispiel: »Ich mag meine weiblichen Rundungen.« »Ich mag meinen hübschen Bauchnabel.« »Ich mag meine langen, weichen Haare.« Wiederholen Sie diese Sätze möglichst oft. Sie werden merken, wie Sie mit der Zeit immer selbstbewusster werden und beginnen, immer mehr an Ihre Attraktivität zu glauben.

20 DAS BESTE ZUM SCHLUSS: Genießen Sie das Leben! Essen Sie, was Ihnen schmeckt. Ziehen Sie an, was Ihnen gefällt. Bewegen Sie sich frei und ohne einen Gedanken daran zu verschwenden, was andere über Sie denken könnten. Verkneifen Sie sich das Lachen nicht, nur weil man Falten davon kriegt. Wer Lust und Lebensfreude ausstrahlt, ist schön!

→ AUF EINEN BLICK

Das merke ich mir

- Mein Körper ist kein Krisengebiet, sondern ein schöner, guter Ort zum Leben.
- Ich wirke auf andere Menschen attraktiv, weil ich so bin, wie ich bin.
- Ich versuche, besser auf die Signale meines Körpers zu achten und ihm zu geben, was er braucht.
- Beim Essen verbiete ich mir nur noch eines: Verbote.
- Meine »Schönheitsfehler« muss ich nicht lieben, aber ich versuche, sie als Teil von mir zu akzeptieren.
- Wer bewusst wahrnimmt, was der eigene Körper an Genuss, Lust und Spaß bietet, fühlt sich wohl in seiner Haut. Und wer sich wohl fühlt, strahlt wahre Schönheit aus.

6. Schritt Schönheit richtig unterstreichen

→ Mode, Make-up, die Schönheitschirurgie, all diese Dinge sollen uns helfen, uns noch schöner zu fühlen. Was Sie für Ihr Aussehen tun und was Sie lieber bleiben lassen, das entscheiden Sie ganz allein. Die Hauptsache ist, Sie setzen die Mittel zur Verschönerung nach Ihren eigenen Bedürfnissen ein und fühlen sich wohl mit Ihrem Äußeren. Denn dann strahlen Sie wahre Schönheit aus!

Spiele der Schönheit

Jede Frau hat von der Natur mindestens ein besonders schönes Geschenk mitbekommen. Einen zarten Elfenbein-Teint, einen sinnlichen Erdbeer-Mund, märchenhaftes Rapunzel-Haar oder Beine bis zum Himmel. Doch was tun wir? Wir lassen unsere SCHMUCKSTÜCKE links liegen und richten unser ganzes Augenmerk auf unsere weniger schokoladigen Seiten. Beim Schminken und Stylen verwenden viele Frauen weit mehr Zeit, Mühe und Kreativität darauf, ihre Schwächen zu verdecken, als ihre SCHÖNHEIT ZU UNTERSTREICHEN. Wir kaschieren und korrigieren, anstatt zu betonen und zu forcieren. Wie schade! Denn so bringen wir uns um den Spaß am Spiel mit unserer Schönheit.

> Es gibt keine hässlichen Frauen –
> nur gleichgültige.
>
> [Helena Rubinstein, *amerikanische Kosmetikkonzern-Gründerin (1871 bis 1965)*]

Montagmorgen, sieben Uhr dreißig. Ein bleiches Wesen mit Sturmfrisur blinzelt aus müden Augen in den Badezimmerspiegel. »Hilfe, wie seh ich denn aus? Der Tag fängt ja toll an…« Eine knappe Stunde später, nach dem allmorgendlichen Beauty-Ritual, sind die Haare gebändigt, und ein dezentes Make-up zaubert einen frischen Ausdruck ins Gesicht. Vor dem Gehen noch ein letzter Blick in den Spiegel: »Wow, seh ich klasse aus! Das wird ein guter Tag!« Es ist schon verrückt, was ein bisschen Farbe auf Lippen und Augen oder die richtige

Frisur bewirken. Wir fühlen uns ATTRAKTIVER, STÄRKER, ÜBERZEUGENDER – und sind es deshalb auch. Egal, ob in einem wichtigen Meeting, auf einer Party oder bei einem Date. Natürlich ersetzt auch ein gekonntes Make-up nicht das gewachsene Selbstbewusstsein. Und sich nur auf den richtigen Lippenstift oder ein schickes Outfit zu verlassen bringt weder im Beruf noch in der Liebe den gewünschten Erfolg. Aber den meisten Frauen schenkt ein gutes Styling nun einmal Sicherheit. Warum auch nicht? Solange wir uns nicht ausschließlich über unser Aussehen definieren und nicht nur auf unsere äußeren Reize setzen, ist dagegen nichts einzuwenden.

Im Gegenteil. Es ist nicht nur vollkommen legitim, seine äußere Erscheinung als Argument für sich und seine Ideen einzusetzen. Es ist sogar klug, dieses Potenzial für sich zu nutzen. Schließlich machen wir ja auch Rhetorikkurse oder absolvieren Workshops zum Thema Selbst-PR, um bei Vorträgen oder beim Bewerbungsgespräch zu glänzen. Wer sich gut fühlt, der ist auch gut – beim Flirten ebenso wie beim Verhandeln. Und wenn uns Kosmetikprodukte dabei unterstützen, dieses gute Gefühl zu bekommen, weil sie unsere Schönheit zur Geltung bringen, dann nichts wie ran an die Farbtöpfe!

Lust auf Farbe: Make-up

Ein Leben ohne bunte Schönmacher – wie fad! Im Urlaub, am Wochenende und manchmal auch beim Job, ab und zu haben wir keine Lust auf Schminken und zeigen unser »wahres Gesicht«. Aber die wenigsten Frauen würden freiwillig länger als ein paar Tage auf ihre Schminkutensilien verzichten. Zu groß ist die LUST AM DEKORIEREN, zu gut fühlen wir uns mit einem verführerisch glänzenden Kussmund oder hübsch lackierten Fingernägeln. Das bedeutet nicht, dass wir Morgen für Morgen eine Stunde und länger im Bad stehen, um unser Gesicht unter mehreren Schichten Farbe verschwinden zu lassen. Die meisten Frauen beschränken sich beim Alltags-Make-up auf ein paar routinierte Handgriffe, um der Natur an der einen oder anderen Stelle etwas nachzuhelfen. Manchmal ist es nur ein Lidstrich, aber der muss sein, damit wir uns für den Tag gut präpariert fühlen.

Die LUST AUF FARBE scheint irgendwie in uns zu stecken. In jedem Badezimmer, das von einer Frau benutzt wird, liegen Kajal, Wimperntusche, Lidschatten, Puder oder zumindest ein Abdeckstift griffbereit. Selbst bei Frauen, die sich ganz dem Naturlook verschrieben haben und Kosmetik für überflüssigen Schnickschnack halten, findet sich im hintersten Eck des Badezimmerschranks oder irgendwo in der Handtasche verborgen wenigstens ein Lippenstift. Für alle Fälle …

» FAKTEN **Aus dem Malkästchen geplaudert**

Welche Kosmetikprodukte verwenden Sie? Gefragt wurden Frauen von 14 bis 64 Jahren. Das Ergebnis in Prozent:

Ich persönlich verwende	täglich	mehrmals pro Woche	etwa einmal pro Woche	nie
Wimperntusche	23	15	8	30
Lidstift/Kajalstift	17	13	8	38
Lidschatten	13	13	9	36
Rouge	9	11	8	42
Gesichtspuder	8	10	7	48
Make-up	13	14	9	32
Lippenstift	25	20	11	15
Lipgloss	6	9	7	55

Quelle: »Brigitte KommunikationsAnalyse« 2002

Beim Schminken versuchen wir instinktiv, die klassischen Schönheitskriterien zu erreichen: große Augen, volle Lippen, betonte Wangenknochen. Also genau die Attribute, die laut Evolutionspsychologen eine junge, gebärfähige Frau auszeichnen. Schönheitspflege ist für uns aber mehr als eine Waffe im Kampf um einen Partner. Viele Frauen zelebrieren ihr TÄGLICHES SCHÖNHEITSRITUAL nur für sich allein. Für einige sind die Minuten vor dem Spiegel wie eine kleine Zeitinsel im hektischen Alltagstreiben. Sie genießen es, sich etwas Gutes zu tun und sich ganz auf sich zu konzentrieren und mal nicht auf die Kinder, den Mann, den Job. Ein ECHTER LUXUS!

Schön gemacht

Schminken macht Spaß und schön – vorausgesetzt, wir verstehen es, das Beauty-Handwerkszeug richtig einzusetzen. Mit welchem Ziel greifen Sie zu Pinseln und Pasten? Um Ihre Makel wegzuschminken und weniger blass, langweilig, sprich unattraktiv auf andere zu wirken? Sagen Sie sich lieber: »Ich möchte durch mein Make-up zeigen, wie attraktiv ich bin.« Das hört und fühlt sich besser an, nicht wahr? Also: Was finden Sie besonders schön an Ihrem Gesicht? Dann heben Sie diese Partie hervor. Weniger ist beim Make-up übrigens mehr. Verstecken Sie sich nicht hinter einer Maske. Unterstützen Sie Ihre NATÜRLICHE SCHÖNHEIT und Ihr individuelles Aussehen, übertünchen Sie sie nicht!

Privat heißt meine Devise: **Weniger** ist mehr. Ich finde, ein **Make-up** sollte nicht länger als **fünf Minuten** dauern. Betonen Sie einfach Ihre **Schokoladenseiten**: Schöne Augen? Dann tuschen Sie die **Wimpern** doppelt. Sie mögen Ihren Mund? Tragen Sie einen kräftigen **Lippenstift** auf.

[Cindy Crawford, *amerikanisches Ex-Supermodel*]

6

Erfahrungsbericht

Sonja, Make-up and Hair Artist

Ich krieg das Grausen, wenn Frauen sich für den Alltag voll schminken. Es wirkt doch viel besser und natürlicher, wenn man nur die Wimpern tuscht und einen Lippenstift auflegt. Man muss nicht das volle Programm mit Foundation, Puder, Rouge, Augen, Lippen und so weiter fahren. Das ist einfach too much. Für ein gutes Alltags-Make-up reicht es, eine Partie des Gesichts hervorzuheben. Die Frauen sollten nicht von dem Gedanken ausgehen, was muss ich verbessern, sondern der Ansatz sollte sein, was gefällt mir heute besonders gut. Und das unterstreiche ich dann. Das kann ruhig jeden Tag etwas anderes sein. Zum Beispiel heute schminke ich meinen Mund knallrot. Oder heute will ich der Welt meine Augen zeigen. Was mir persönlich sehr wichtig ist, sind die Augenbrauen. Das sind sehr bestimmende Elemente, die ein Gesicht stark verändern können. Trotzdem gehen Frauen oft sehr stiefmütterlich mit ihnen um. Viele orientieren sich daran, welche Form gerade in ist oder von irgendeinem Star getragen wird, und die zupfen sie sich dann hin. Aber das passt oft gar nicht zum Gesicht. Ich habe auch Frauen erlebt, die sich perfekt schminken, aber die Augenbrauen gar nicht zupfen. Ich zeige Frauen gerne, wie sie beim Schminken mit kleinen Tricks etwas verändern können und wie sie die schönen Dinge an sich noch mehr hervorheben können. Tatsache ist, jede Frau kann sich »schöner« schminken. Wenn ich zum Beispiel mit meiner Nase und meiner Oberlippe unzufrieden bin, dann betone ich einfach die Augen. Ich lege Wimperntusche auf, benutze eine Wimpernzange und vielleicht ein bisschen Farbe, und schon schaut mir jeder in die Augen und sagt, du hast aber schöne Augen. Kein Mensch achtet mehr darauf, dass die Nase krumm ist und die Oberlippe nicht ganz perfekt.

Verlockende Lippen

Kein Lidschatten – okay, keine Wimperntusche – gerade noch auszuhalten, kein Lippenstift – unmöglich! Er ist unser FAVORIT in der Palette der Schönmacher und das meistgekaufte Schminkutensil. Die meisten Frauen fühlen sich irgendwie angezogener mit ihm.

> Ein Hauch Lippenstift lässt eine Frau umgehend aufregender, süßer, kühner, gelassener, eleganter, glamouröser oder selbstsicherer wirken.
>
> [Bobbi Brown, *amerikanische Visagistin und Unternehmerin*]

Lippenstift macht uns nicht nur sexy und schön, er streichelt auch unsere Seele. Ein Werbeslogan der Firma Revlon lautet: »An einem schlechten Tag gibt es immer noch den Lippenstift.« Tatsächlich scheinen wir in unserem Lippenstift eine Art SCHUTZSCHILD GEGEN BEDROHUNGEN und gegen ein schlechtes Lebensgefühl zu sehen. Das amerikanische »Wall Street Journal«, so die »Süddeutsche Zeitung« (50/2003), hat zum Beispiel ermittelt, dass seit dem 11. September 2001, dem Anschlag auf das World Trade Center, in den USA elf Prozent mehr Lippenstifte verkauft wurden als innerhalb der gleichen Zeitspanne vorher. Diese Tendenz lässt sich bei allen Krisen feststellen. Vor allem, wenn die Wirtschaft am Boden liegt, boomt der Lippenstiftmarkt. Dann halten Frauen sich nämlich beim Kleiderkauf zurück und nehmen stattdessen lieber eine neue Lippenfarbe mit nach Hause. Erwiesen ist außerdem: In schlechten Zeiten gehen nicht nur mehr Lippenstifte über die Ladentheken, es werden auch kräftigere Töne gewählt. JE SCHLECHTER DIE ZEITEN, DESTO ROTER DIE LIPPEN, sagen Experten.

Unser hoch geschätzter Wegbegleiter wurde auf der Amsterdamer Weltausstellung 1883 vorgestellt. Die französische Schauspielerin Sarah Bernhardt (1844 bis 1923) gab ihm den frivolen Beinamen »STYLO D'AMOUR«. Fast jede Frau kennt dieses herrliche Gefühl, sich hin und wieder einen sündhaft teuren Lippenstift zu kaufen. Ist zwar schon der 28. und wie alle anderen ein Roséton, aber es musste einfach sein. Und jede Frau fürchtet den Tag, an dem ihr eine Kosmetikfachverkäuferin eröffnet, dass ihre ultimative Lieblingsfarbe, der sie seit Jahren die Treue gehalten hat, leider aus dem Sortiment genommen wurde.

» **FAKTEN**	**Lippenbekenntnisse**
	36 Millionen Lippenstifte werden in Deutschland jährlich verkauft.
	Rund 6 Stück besitzt die Durchschnittsfrau.
	4 Kilo Lippenstift schlucken wir durchschnittlich im Lauf unseres Lebens, das sind rund 1000 Stifte.
	Auf der Beliebtheitsskala der Frauen steht Rosé an erster Stelle, dicht gefolgt von Braunrot, und dann erst kommt Knallrot.
	37 Prozent der deutschen Männer küssen am liebsten ungeschminkte Lippen. Richtig rote Lippen mögen nur 18,8 Prozent.

Quelle: »Woman« (18, 2003)

TIPPS FÜR DEN PRAKTISCHEN GEBRAUCH

Rosé und ein warmes Braunrot stehen eigentlich jeder Frau. Gloss und glitzernde Pigmente lassen die Lippen voller wirken, matte Lippenfarben machen den Mund optisch schmaler. Ansonsten gilt die Faustregel: Rosig-heller Haut stehen kühle, blaustichige Töne am besten. Sie lassen übrigens auch die Zähne weißer strahlen. Wer einen dunkleren Teint hat, sollte eher zu gelbstichigen Tönen greifen, einem warmen Oliv-Teint etwa schmeichelt intensives Rot oder Koralle. Auf urlaubsbrauner Haut machen sich dezente Töne am besten. Zum Rollkragenpulli ist eine knallige Lippenfarbe ein sexy Kontrast, zum tiefen Dekolleté kann sie schnell billig wirken. Abends kann unser Gesicht meist mehr Farbe vertragen als morgens.

Haare machen Leute

Ein Blick auf unseren Kopf, und ein vollkommen Fremder glaubt, alles über uns zu wissen: Alter, Kulturkreis, soziale Stellung, gesundheitliches Wohlbefinden und Kontostand. Das hat Ronald Henss, Persönlichkeitspsychologe an der Universität des Saarlandes, festgestellt. Von Schnitt, Länge, Farbe, Styling und dem Zustand der Haare schließen wir auf die Persönlichkeit eines Gegenübers, ergänzt sein Kollege Reinhold Bergler in »Psychologie Heute« (07/2003). Kontaktfreudig oder verschlossen, angepasst oder frech, modeorientiert oder gesundheitsbewusst, der Schopf verrät's. Auch ob wir jemanden spontan mögen oder nicht, machen wir unter anderem an seinen Haaren fest, hat Berglers »hair language«-Studie 2001 ergeben. Der Haarexperte erklärt in »Psychologie Heute« (07/2003): »Haare sind SCHLÜSSELREIZE des ersten Eindrucks. Sie lösen, je nachdem, ob sie gepflegt oder ungepflegt wirken, unmittelbare und eindeutige Sympathie- oder Antipathiebewertungen aus.« Bei Männern hinterlässt ungepflegtes Haar auf einem Frauenkopf sogar einen derart negativen Eindruck, dass sie für die reizvollen Seiten der Lady gar keinen Blick mehr haben. Also: Ein guter Friseur ist jeden Euro wert. Und fürs Haarewaschen und -stylen nehmen wir uns in Zukunft immer Zeit.

Kennen Sie das? Man föhnt, sprayt, macht und tut, und trotzdem bleibt kein Haar so liegen, wie es soll. Dieser Tag ist gelaufen. Denn unser Selbstbewusstsein reagiert höchst sensibel auf HAARTECHNISCHE MISSSTÄNDE, sagen Psychologen. Es muss schon viel passieren, damit ein »Bad-Hair-Day« noch die Kurve zum »Happy-Hair-Day« kriegt. Bei einer Umfrage der amerikanischen Ausgabe von »Glamour« stimmten mehr als die Hälfte der befragten Frauen folgenden Aussagen zu: »Wenn meine Haare gut aussehen, fühle ich mich attraktiv, unabhängig davon, was ich anhabe oder wie ich ansonsten aussehe.« Und: »Wenn meine Haare nicht in Ordnung sind, kann mir nichts das Gefühl geben, gut auszusehen.« Was also tun, wenn der Schopf nicht so will wie wir? Aushalten, zur Not Pferdeschwanz oder Mütze tragen und daran denken: Morgen ist ein neuer Tag. Schön sind Sie trotzdem!

Welches ist die richtige Frisur für mich? Das besprechen Sie am besten mit einem Friseur Ihres Vertrauens. Grundlage dieses Gesprächs sollten die Fragen sein: Was für ein Typ bin ich (modisch, klassisch, sportlich …)? Und was für Haare bringe ich mit? Der Alptraum aller Friseure sind Kundinnen, die mit dem Ausriss aus einer Zeitschrift ankommen und befehlen: »Ich will genau so aussehen wie die!« Selbst wenn die Haarlänge stimmt, die Struktur der Haare kann sich von Jennifer Lopez' Schopf deutlich unterscheiden. Vielleicht passen die Frisur von Jennifer Aniston und die eigene Gesichtsform nicht zusammen und der Blondton von Nicole Kidman weder zum eigenen Teint noch zur Augenfarbe. Nichts gegen Ausrisse als Anregung. Aber als unveränderbare Schnittvorlage taugen sie selten.

Der Alptraum aller Kundinnen sind Friseure, die ihnen auf Biegen und Brechen einen Look aufschwatzen wollen, der ihren Vorstellungen nicht im Geringsten entspricht. Da hilft nur eines: aufstehen und gehen. Sie müssen schließlich hinterher mit der Frisur herumlaufen. Und denken Sie daran: Mit den Haaren ist es wie mit dem Make-up. Die Frisur soll Sie nicht in einen anderen Menschen verwandeln, sondern Ihre **STÄRKEN HERAUSSTELLEN** und Ihren persönlichen Stil zum Ausdruck bringen.

Perfekte Schönheit aus dem OP

Beinahe täglich können wir im Fernsehen eine Schönheitsoperation live verfolgen. Die Zeitschriften sind voll von Berichten über ständig verbesserte Möglichkeiten, vermeintliche Fehler der Natur wie zu große Nasen oder zu kleine Brüste, Falten und überflüssige Pfunde zu korrigieren. Kaum ein Star, Sternchen oder Model kommt noch ohne Botox, Silikon oder Kollagen aus. Und die Kollegin sieht nicht wegen der guten Luft auf Mallorca so erholt aus, sondern weil sie sich dort die Schlupflider hat straffen lassen. Schönheitsoperationen sind zwar noch nicht so selbstverständlich wie ein Friseurbesuch, weil mit mehr KOSTEN UND RISIKEN verbunden, aber sie sind längst nichts Außergewöhnliches mehr.

Die Methoden werden immer sanfter, die eingesetzten Materialien immer gesundheitsverträglicher, und seit Botox können es sich sogar Normalverdienerinnen leisten, ihre Falten aus dem Gesicht zu radieren. Warum sich mit seinen Schönheitsfehlern abfinden, wenn es scheinbar so einfach ist, sie loszuwerden? Das sagen sich immer mehr Frauen und erwägen, das Ersparte nicht in ein neues Auto oder einen Urlaub zu investieren, sondern in einen Besuch beim Schönheitschirurgen. Wie viele mittlerweile mit Skalpell oder Spritze nachbessern lassen, wo die Natur in ihren Augen versagt oder das fortgeschrittene Alter seine Spuren hinterlassen hat, lässt sich nicht genau sagen. Laut »Süddeutsche Zeitung« (180/2003) liegt die Zahl der Eingriffe in Deutschland inzwischen bei etwa EINER MILLION PRO JAHR, mehr als doppelt so viele wie noch im Jahr 2001. Tendenz weiter steigend. Und anders als in früheren Jahren legen sich heute auch junge

Frauen und Teenager auf den OP-Tisch. Ein Viertel aller Schönheitspatientinnen sind 15 bis 25 Jahre alt, schätzen Experten.

Alles ist möglich: der Designerkörper

Die häufigsten chirurgischen Schönheitsmaßnahmen sind nach Auskunft von Ärzten das Fettabsaugen an Bauch und Oberschenkeln, gefolgt von der Brustvergrößerung und der Nasenkorrektur. Aktueller Renner auf der ständig erweiterten Liste neuer Methoden und vor allem bei der Fernseh- und Kino-Prominenz sehr beliebt, ist die Antifalten-Behandlung mit dem Nervengift Botulinum Toxin, kurz Botox. In millionenfacher Verdünnung unter die Haut gespritzt, bügelt das Gift binnen Stunden jede Mimikfalte von der Stirn. Vor allem Frauen zwischen 35 und 45 lassen sich auf diese Weise zu einem jugendlich glatten Antlitz verhelfen. Nach rund drei Monaten verliert die Behandlung mit Botox ihre Wirkung, kostet dafür aber nur einen Bruchteil des herkömmlichen Liftings.

Ich habe meine **Schlupflider** straffen lassen, weil mich das schon als junges Mädchen **gestört** hat. Wenn ich einen **schiefen** Zahn habe, gehe ich zum Zahnarzt. **Anders** war das auch **nicht** für mich.

[Andrea L'Arronge, *deutsche Schauspielerin*]

Bauch, Brüste, Lider, Lippen, sogar den Bauchnabel und die Vagina können wir vom Schönheitschirurgen optimieren lassen. Da stellt sich schon mal die Frage, was Frauen sich von einer »Verschönerung« eigentlich versprechen. Wenn eine Frau unter ihrem Miniaturbusen oder ihrer monströsen Nase leidet, kann eine Operation wie eine Erlösung sein. Wer sich nicht mehr Tag für Tag die Frage »Bist du heute schlecht drauf?« anhören mag und sich deshalb seine Zornesfalten unterspritzen lässt, tut sich vermutlich einen Gefallen damit. Aber eine Designer-Vagina? Jede Frau sollte sich vor einer Schönheitsoperation genau überlegen, was sie sich von dem Eingriff erhofft.

Neue Nase – neues Leben?

Die anderen kriegen die Prinzen, man selbst immer nur die Frösche. Bei der Vergabe eines interessanten Jobs geht man wieder leer aus. Nichts klappt, wie es soll. Wenn's im Leben nicht so richtig läuft, suchen viele Frauen den Grund dafür in ihrem Aussehen und glauben: »Wenn ich nicht so dick wäre, schönere Augen oder einen größeren Busen hätte, dann wäre alles anders. Ich wäre ein anderer Mensch und hätte endlich das glückliche Leben, das ich mir erträume.« Leider falsch. Weniger Falten oder schlankere Beine sind keine Glücksgaranten. Denn Glück ist keine Frage der Schönheit, sondern der Einstellung. Eine neue Nase oder ein Jennifer Lopez-Po machen auch keinen neuen Menschen aus Ihnen. Vielleicht werden Sie sich nach einem Eingriff wohler in Ihrer Haut fühlen, vielleicht werden Sie NEUES SELBSTBEWUSSTSEIN entwickeln – nicht weniger, aber auch nicht mehr können Sie von einer Schönheitsoperation erwarten.

Erfahrungsbericht

Regine, 33

Ich fühlte mich nicht schön und dachte, wenn mein Bauchfett weg wäre, dann wäre alles ganz toll. Also habe ich mir das Fett absaugen lassen. Heute würde ich das nicht noch mal machen lassen. Irgendwie finde ich meinen Bauch seitdem komisch und fremd. Es fühlt sich an, als würde die Haut lose auf dem Bauch hängen, er hat nicht mehr die Festigkeit wie früher. Zwar wurde ich in ein paar Stunden von meiner äußerlichen Problemzone befreit. Doch meine negativen Gedanken über mein Aussehen konnte der Arzt nicht wegsaugen. Die sind noch genauso da wie früher. Ich finde Schönheitsoperationen nicht grundsätzlich schlecht. Wenn eine Frau unter ihrem Körper leidet, okay. Aber wenn sie sich einfach schöner fühlen will, kann ich nur sagen, das funktioniert nicht. Ich denke, Frauen sollten aufhören, sich vor den Spiegel zu stellen und danach zu schauen, was ihnen nicht gefällt. Sie sollten sich lieber etwas aussuchen, was sie an sich schön finden, und sich das jeden Tag anschauen.

Erfahrungsbericht

Beate, 40

Mit 30 habe ich meinen Busen verkleinern lassen. Da hatte ich schon eine 15-jährige Leidensgeschichte hinter mir. Hänseleien in der Schule, dumme Sprüche, das Starren der Leute, Einsamkeit, weil ich mich zurückgezogen habe. Ich konnte nie Sport machen, keinen Bikini tragen, fand mit oben Größe 46 und unten 38 nie passende Kleider. Ich hatte ständige Rücken-, Nacken- und Kopfschmerzen und an den Schlüsselbeinen Rillen von den BH-Trägern, die einen Zentimeter tief waren. Mit 21 wollte ich mich schon einmal operieren lassen, hatte dann aber zu viel Angst vor dem Eingriff. Da ging es mir auch mehr um den Schönheitsaspekt. Mit 30 aber konnte ich körperlich nicht mehr. Wegen der Gutachten eines Orthopäden und einer Psychologin hat die Krankenkasse die Brustverkleinerung bezahlt. Die Operation war wie eine Befreiung. 1896 Gramm haben sie weggenommen. Ich war erstaunt, dass ich nach der Operation keine Schmerzen hatte, nur so eine Art Muskelkater und dann noch drei Monate kein Gefühl in den Brüsten und im Dekol-

leté. Durch die Brustverkleinerung habe ich 90 Prozent mehr Lebensqualität. Den Tag meiner Operation feiere ich jedes Jahr wie einen zweiten Geburtstag. Ich kann allen Frauen mit so einem Problem nur zu einer Operation raten. Ich würde es jederzeit wieder machen. Und vor allem nicht mehr so lange warten.

Wann ist eine Operation die richtige Entscheidung?

Soll ich oder soll ich nicht? Diese Frage müssen Patientin und Arzt gleichermaßen beantworten, wenn es um rein kosmetische Operationen geht. Das Verantwortungsbewusstsein des Chirurgen ist dabei genauso gefragt wie unser Verantwortungsgefühl uns selbst gegenüber. Ob eine Operation der richtige Schritt für Sie ist, könnte sich beim Nachdenken über die folgenden Fragen herausstellen.

5 Fragen

1 → Warum will ich diesen Teil meines Körpers verändern?

2 → Geht es wirklich um mein Aussehen, oder stecken hinter meiner Unzufriedenheit oder meinem Unglücklichsein andere Gründe?

3 → Sind meine Vorstellungen vom Operationsergebnis realistisch?

4 → Was wird sich durch die Operation in meinem Leben verändern?

5 → Gibt es andere Möglichkeiten, dieses Ziel zu erreichen?

Seien Sie beim Beantworten der Fragen ehrlich zu sich. Denn so vermeiden Sie Enttäuschungen und bereuen Ihre Entscheidung nicht. Wir wollen niemandem den Gang zum Chirurgen ausreden. Sie sollten sich nur im Klaren darüber sein, was so ein Eingriff bedeutet und was er Ihnen wirklich bringt. Und zwar **vor** dem Operationstermin.

Eine Schönheitsoperation ist nicht das Gleiche wie ein Besuch bei der Kosmetikerin, sondern ein CHIRURGISCHER EINGRIFF. Beim Fettabsaugen an Bauch und Oberschenkeln etwa entsteht eine innere Wunde, die einem Viertel der Körperoberfläche entspricht. Informieren Sie sich deshalb gut über einzelne Techniken und deren Risiken. Klären Sie EVENTUELLE FOLGEOPERATIONEN ab, zum Beispiel das Erneuern der Implantate nach einer Brustvergrößerung.

Hüten Sie sich vor falschen Erwartungen. Wenn Sie unter Ihrem Äußeren leiden, kann eine Operation sehr sinnvoll sein. Egal, ob Sie eine Brust durch Krebs verloren haben oder den Spott wegen Ihrer großen Oberweite nicht mehr ertragen. Bei seelischen Problemen hingegen sollten Sie besser nach einer anderen Lösung suchen.

Nicht alles ist machbar. Nach dem Fettabsaugen sind Sie nicht plötzlich schlank wie Claudia Schiffer. Lassen Sie sich vom Chirurgen genau erklären, mit welchem Operationsergebnis Sie rechnen können.

Viele Frauen sind mit dem Ergebnis ihrer Operation zwar zufrieden, aber ihren Körper können sie genauso wenig annehmen wie vorher. Vielleicht gibt es andere Möglichkeiten, damit Sie glücklich mit Ihrem Aussehen werden. Blättern Sie zu Kapitel 2 zurück und befassen Sie sich ausgiebiger mit Ihrem Schönheitscode (ab Seite 49). Möglicherweise erledigt sich das Thema Schönheitsoperation dann von allein. Vielleicht empfinden Sie den kleinen Höcker auf Ihrer Nase auch nicht mehr als störend, sondern als charmantes Markenzeichen, nachdem Sie sich noch einmal mit Kapitel 6 beschäftigt haben. Beides kann Ihnen genauso dabei helfen, sich nach der Operation wirklich so schön zu fühlen, wie Sie es sich gewünscht haben.

Schöne Bescherung

Immer häufiger sitzen TEENAGER in den Wartezimmern von Schönheitschirurgen. Seriöse Ärzte lehnen bestimmte Operationen wie Brustvergrößerungen an Jugendlichen jedoch in der Regel ab. Unter anderem, weil neben Gefahren wie Infektionen und Narkoserisiken, die bei Schönheitsoperationen in jedem Alter auftreten, bei Teenagern spezielle Probleme hinzukommen. Mit dem Körper wachsen auch die OPERATIONSNARBEN weiter – und das kann irgendwann sehr hässlich aussehen. Außerdem sind HÄUFIGER FOLGEEINGRIFFE nötig. Und: Im Voraus weiß keiner, ob mit 18 die gewünschte Brustvergrößerung überhaupt noch »nötig« ist. So mancher Teenager würde eine Operation im Nachhinein vermutlich sogar bereuen. Eine Britney Spears-Nase lässt sich nämlich, wenn sie wieder out ist, nicht so leicht entsorgen wie die Poster an der Wand.

Der eingebildete Makel

Auch bei Patientinnen, bei denen sie eine so genannte »Körperdysmorphe Störung« (KDS) vermuten, entscheiden sich seriöse Schönheitschirurgen gegen eine Operation. KDS-Betroffene bilden sich krankhaft ein, sie hätten schiefe Zähne, ein riesiges Kinn oder unansehnliche Brüste, und versuchen alles, um ihren vermeintlich abstoßenden Makel zu verbergen. Sie schminken sich stark, gehen nicht mehr aus dem Haus – oder lassen sich operieren. Doch nach einem Eingriff fühlen sich 60 Prozent der körperdysmorph gestörten Menschen keineswegs besser. Ein Viertel von ihnen findet sich sogar noch hässlicher. Laut Psychologen ENTWICKELN IMMER MEHR MENSCHEN DIESE STÖRUNG, die häufig mit schweren Depressionen verbunden ist. Verantwortlich dafür machen die Experten den hohen Stellenwert des Aussehens in unserer Gesellschaft. Hilfe erhalten KDS-Betroffene in entsprechenden Universitätskliniken.

Erfahrungsbericht

Dr. Hans Hendricks, Facharzt für plastische Chirurgie in der Düsseldorfer Kö-Klinik

Ob ich eine Patientin operiere oder nicht, hängt unter anderem davon ab, aus welchem Grund sie sich für die Operation entschieden hat. Wenn zum Beispiel der Partner bei einer Brustberatung dabei ist und für eine größere Brust appelliert, versuche ich herauszufinden, will die Frau die Operation wirklich oder geschieht dies auf Wunsch des Mannes. Wenn ich bemerke, dass eigentlich nur er die Brustvergrößerung will, dann operiere ich nicht. Die beiden können sich morgen trennen, und dann hat die Frau eine Brust, die sie eigentlich gar nicht will. Wenn mir eine Patientin dagegen erklärt, sie leide schon lange unter ihrer kleinen Brust, dann operiere ich. Gegen eine Operation entscheide ich mich unter Umständen auch dann, wenn eine Patientin bereits diverse Eingriffe hinter sich hat und jetzt den nächsten machen lassen will. Oder wenn sie keinen konkreten Wunsch formuliert, sondern sich nach dem Motto »Die Brüste sind zu klein, meine Schenkel gefallen mir nicht, und meinen Po kann ich auch nicht leiden« äußert. Auch wenn eine Patientin aussehen will wie Pamela Anderson oder glaubt, durch eine OP würde sich ihr Leben verändern, lehne ich eine Operation ab. Trotzdem muss man alle Patientinnen ernst nehmen. Wichtig ist es, ehrlich zu sein. Bevor ich operiere, muss ich als guter Chirurg heraushören, was stellt die Patientin sich vor. Der größte Feind des Erfolgs in der Schönheitschirurgie ist nämlich eine zu hohe Erwartungshaltung. Eine hohe Erfolgsquote hat nur der Chirurg, der nicht einfach sagt »Mach ich schon, sieht nachher super aus«, sondern der tausendprozentig erklärt, was wirklich machbar ist. Wir sind keine Magier. Wir können nur unser Bestes geben, und dazu gehören Erfahrung und Routine.

Wie finde ich den richtigen Schönheitschirurgen?

Der wichtigste Hinweis gleich vorneweg: Gehen Sie unbedingt zu einem gut ausgebildeten Facharzt! Adressen von Spezialisten erfahren Sie bei den im Anhang ab Seite 189 genannten Organisationen.

Im persönlichen Beratungsgespräch mit dem Arzt sollten Sie darauf achten, ob die Chemie zwischen Ihnen stimmt. Sie sollten das Gefühl haben, ihm vertrauen zu können. Noch wichtiger ist allerdings seine Kompetenz – und zwar bezogen auf den Eingriff, für den Sie sich entschieden haben. Sprich, wie oft hat er diesen Eingriff schon durchgeführt? Auch der beste Chirurg ist nicht für alles Experte. Plastische Chirurgen durchlaufen zwar eine umfassende Grundausbildung, aber wer sein Leben lang Brandverletzungen versorgt hat, kriegt eine Brustvergrößerung vermutlich nicht so gut hin wie ein routinierter Brust-Spezialist.

Wenn Sie Ihren Arzt nicht über eine der im Anhang aufgeführten Vereinigungen gefunden, sondern auf Empfehlung einer Freundin oder Bekannten ausgewählt haben, fragen Sie ihn genau nach seiner Ausbildung und wie lange er schon als ästhetischer Chirurg tätig ist. Es gibt zum Beispiel Hals-Nasen-Ohren- oder Zahnärzte, die nebenbei Brüste und Nasen operieren. Diese Quereinsteiger praktizieren die erste Zeit nach der Learning-by-doing-Methode und das oft genug mit katastrophalen Folgen für ihre Patientinnen. Lassen Sie sich Fotos von Operationsergebnissen zeigen. Noch besser sind Referenzadressen von Patientinnen, die Sie anrufen können. Und: Schauen Sie sich die Klinik an. Ist es dort sauber? Ist das Personal höflich und gepflegt? Gibt es einen hochmodernen Operationssaal?

Nur wenn all diese Kriterien erfüllt sind, sollten Sie dem entsprechenden Arzt Ihren Körper anvertrauen. Es geht schließlich um IHR AUSSEHEN – UND IHRE GESUNDHEIT!

So bin ich am schönsten!

Das Gefühl, schön zu sein, können wir uns weder hinschminken noch operativ einpflanzen lassen. Aber wir können diesem Gefühl auf die Sprünge helfen, indem wir Make-up, hübsche Dessous, Parfüm und andere SCHÖNHEITSVERSTÄRKER richtig einsetzen und Spaß am Spiel mit ihnen haben. In einigen Fällen ist die Unterstützung eines Schönheitschirurgen vonnöten, damit eine Frau mit ihrem Aussehen glücklich wird. Ansonsten heißt die Devise: Nehmen Sie Ihre Schwächen an, entdecken Sie Ihre Stärken und betonen Sie Ihre schönsten Seiten!

MODESPASS STATT MODEDIKTAT

Lange oder kurze Haare, enge oder weite Hosen, Pastell- oder Knallfarben – das Entweder-oder-Denken ist in der Modewelt glücklicherweise passé. Aus einem ganzen Sammelsurium an Trends kann sich heute jede Frau herauspicken, was ihr gefällt. Achtung, nicht alle Klamotten und jedes Make-up stehen allen gleich gut. Sollten Sie nicht zu den zwei Prozent Frauen gehören, die in durchsichtigen Chiffonfähnchen eine gute Figur machen, dann lassen Sie diesen Trend lieber aus. Ähnliches gilt für kanariengelben Lidschatten und andere Make-up-Extravaganzen. Suchen Sie sich Stücke und Farben aus, die zu Ihrem Typ, Aussehen und persönlichen Stil passen. Setzen Sie modische Akzente, aber achten Sie vor allem auf eine eigene Note.

PFLEGEDIENST

Make-up, nein danke? Kein Problem. Wenn Sie sich geschminkt fremd oder wie hinter einer Maske fühlen, dann bleiben Sie ruhig beim Naturlook. Aber so ganz auf Kosmetik zu verzichten wäre wirklich ein

Jammer. Eine Körpercreme für extra zarte Haut, ein Parfüm, das Sie gerne riechen, ein tolles Shampoo – selbst Kosmetikmuffel fühlen sich mit ein bisschen Beauty-Luxus noch schöner. Und das entgeht auch der Umwelt nicht.

REIFEPRÜFUNG

Wir alle haben irgendetwas an uns, das uns nicht besonders gefällt: ein Muttermal am »falschen« Fleck, ausladende Ohrmuscheln, krumme Zehen … Es ist nicht nur ein Zeichen menschlicher Größe, sich mit seinen kleinen Makeln abzufinden, es ist auch vorausschauend und weise. Denn wer mit allen Mitteln perfekter Schönheit nachjagt, der kann nur verlieren. Die Möglichkeiten der modernen Schönheitschirurgie sind zwar groß, aber nicht grenzenlos. Spätestens wenn wir an den Punkt kommen, an dem wir dem Alter Tribut zollen müssen, ist der Kampf um Perfektion endgültig gescheitert. Es gehört zum Reifeprozess jedes Menschen, sich mit seinen Schwächen und dem Älterwerden auseinander zu setzen. Besser, Sie fangen rechtzeitig damit an. Sonst fühlen Sie sich am Ende als ganz große Verliererin.

CLEVER KOMBINIERT

Kein Geld für teure Designerteile? Macht nichts! Man kann auch ohne dickes Portemonnaie gut angezogen sein. Alles eine Frage des Stils – und der hat bekanntlich nichts mit der Höhe des Einkommens zu tun. Wer Teile von H & M, Zara oder Mango gekonnt mit Designer-Schnäppchen aus dem Secondhand-Laden kombiniert, ist in jeder Lebenslage gut angezogen, ohne ein Vermögen ausgeben zu müssen. Wichtig: Tragen Sie immer ein edles Teil, das wertet jedes Outfit auf.

SCHÖNHEITSSKLAVINNEN

Hauptsache, die Optik stimmt. Dieses Lebensmotto sollten Sie ganz schnell aus Ihrem Kopf verbannen. Eine Frau, die alles von ihrem

Äußeren abhängig macht, verpasst eine Menge Spaß und wirkt auf andere zwar auf den ersten Blick attraktiv, aber irgendwann nur noch eitel und blöd. Ist sie auch, wenn sie beispielsweise auf den Skihüttenurlaub mit Freunden verzichtet, weil es dort kein fließend warmes Wasser für ein ausgiebiges Beauty-Programm gibt und sie sich in Daunenjacke unförmig findet. Oder wenn sie täglich auf Zehn-Zentimeter-Absätzen ins Büro stakst, was zwar für sexy Beine, aber auch für Dauerschmerzen in den Füßen sorgt. Wer wirklich selbstbewusst ist, hält es auch einmal ohne perfektes Styling aus – und findet sich trotzdem schön. Zum Beispiel, weil ein strahlendes Lachen auch ohne Make-up und Michelin-Männchen-Look unwiderstehlich ist.

KETTENREAKTION

»Nur ein bisschen Botox, dann sind die Falten auf der Stirn weg, und ich gucke mich wieder gerne im Spiegel an.« Oft ist dies der Beginn einer langen, für den Schönheitschirurgen sehr ertragreichen Partnerschaft. Das Dumme an solchen verjüngenden Eingriffen ist nämlich, dass erstens der Rest des Gesichts danach ziemlich alt aussieht und sie zweitens meist eine begrenzte Halbwertszeit haben. In einer Kettenreaktion zieht ein Eingriff den anderen nach sich: Erst Botox, dann werden die Schlupflider korrigiert, dann wird die Nasolabialfalte eingeebnet, dann werden die Lippen aufgespritzt. Alle paar Monate wird die Botox-Behandlung wiederholt, dann kommt das erste kleine und irgendwann das erste große Facelifting. Am Ende einer jahrzehntelangen Operationsserie, die sich natürlich nicht jede leisten kann, sind viele Frauen mit einem dieser grotesken, zur Maske erstarrten Gesichter geschlagen, vor denen man sich beim Durchblättern von Klatschmagazinen immer so schön gruselt. Nichts gegen Schönheitsoperationen, aber überlegen Sie sich vorher genau, wo für Sie Schluss ist. Rückgängig machen geht nämlich nicht.

KOPIERSCHUTZ

Inspirieren lassen ist gut, kopieren weniger. Es gibt nur eine Sandra Bullock, nur eine Charlize Theron, nur eine Pink … Was irgendwelchen Stars steht, muss an Ihnen noch lange nicht gut aussehen – und umgekehrt! Das gilt für Klamotten, Frisuren und Körperteile gleichermaßen. Setzen Sie auf Ihren eigenen Geschmack und einen eigenen Look! Auch Sie gibt es schließlich nur ein Mal!

Niemand kann dieser herrlichen Lust widerstehen, durch die Mode auszudrücken, wie man sich selbst sieht.

[Tom Wolfe, *amerikanischer Schriftsteller*]

STILPROBE

Seit Jahren nur Erdtöne, immer die gleichen Jeans oder Businesskostüme in gedeckten Farben. »Mir steht halt nichts anderes.« Unsinn! Machen Sie mit einer guten Freundin eine Expedition durch Boutiquen und Kaufhäuser und setzen Sie sich ausnahmsweise einmal über alles hinweg, was Sie bisher über Ihren Kleidungsstil dachten. Einen persönlichen Stil zu haben bedeutet nicht, jeden Tag gleich auszusehen. Also: Probieren Sie alles aus, an das Sie sich noch nie herangewagt haben. Greifen Sie zu neuen Farben, Mustern, Schnitten oder ungewohnten Materialien. Vielleicht sieht's dämlich aus. Dann hatten Sie was zu lachen und einen höchst vergnüglichen Nachmittag. Vielleicht entdecken Sie bei der Kleiderprobe aber auch ganz neue Möglichkeiten, um Ihre attraktiven Seiten zur Geltung zu bringen. Und werden sich, falls Sie das in letzter Zeit vergessen haben sollten, wieder einmal bewusst, wie gut Sie aussehen.

TIPPS VOM PROFI

Sie sind sich nicht sicher, was Ihnen wirklich steht und was nicht? Machen Sie's wie die Stars und lassen Sie sich von einem Profi beraten. Ein Nachmittag mit einem Mode- oder einem Hair and Make-up-Stylisten ist nicht ganz billig, aber die ganz speziell auf Ihren Typ abgestimmten Schmink- und Styling-Tipps sind jeden Euro wert.

IMAGE-CHECK

Nehmen Sie sich hin und wieder Zeit für eine Bestandsaufnahme und klären Sie folgende Fragen: Welche Seiten meiner Persönlichkeit möchte ich über mein Aussehen nach außen transportieren? Stimmen mein Innen und mein Außen überein? Präsentiere ich mich der Umwelt, wie ich es möchte? Oder gehe ich faule Kompromisse ein, um anderen zu gefallen oder irgendeinem Schönheitsideal zu entsprechen? Ist meine Gesamterscheinung stimmig? Oder passen mein Auftreten und meine Art nicht zu meinem äußeren Erscheinungsbild? Anders als in Filmen oder auf Fotos entsteht Schönheit im wahren Leben nicht in erster Linie durch die perfekte Inszenierung, sondern durch Authentizität. Wirklich attraktiv wirkt eine Frau, deren Aussehen und Stil ihr Inneres widerspiegeln. Ihre Originalität, ihre Ex- oder Introvertiertheit, ihren Witz oder Ernst, ihre Erfahrung, ihre Klugheit, ihren Charme, ihre Jugend oder ihre Reife.

FANS UND FEINDE

Der erste Auftritt im Büro mit dem neuen, frechen Garçon-Haarschnitt. Was die Kollegen wohl sagen werden? Zerbrechen Sie sich nicht den Kopf darüber, ob Ihr Look bei anderen ankommt oder nicht. Es muss nicht jeder toll finden, wie Sie herumlaufen. Sie sind ja auch nicht von allem begeistert, was Ihre Mitmenschen im Kleiderschrank haben oder auf dem Kopf spazieren tragen. Und wenn Ihnen jemand mit einer bissigen Bemerkung kommt, nehmen Sie's gelassen.

1. Man kann es nicht allen recht machen. **2.** Er oder sie hat vielleicht einen schlechten Tag und muss Dampf ablassen. Oder **3.** Er oder sie leidet unter akutem Mangel an Selbstbewusstsein und muss das durch Kritik an anderen kompensieren. Ausschlaggebend ist, wie Sie selbst sich in einem Kleidungsstück, mit einem Make-up, einer Frisur, ihrer markanten oder neuen Nase fühlen. Klar tut Anerkennung von außen gut, aber wir brauchen uns nicht abhängig von ihr zu machen. Stehen Sie zu Ihrem persönlichen Stil! Egal, was andere meinen, egal, welche Mode gerade angesagt ist, egal, ob Sie dem aktuellen Schönheitsideal entsprechen oder nicht.

→ AUF EINEN BLICK

Das merke ich mir

- → **Make-up ist dazu da, um meine schönen Seiten zu betonen.**
- → Mein eigener Stil macht mich unverwechselbar und einzigartig. Modetrends mache ich nur mit, wenn sie zu mir passen.
- → **Vor einer Schönheitsoperation kläre ich ab, ob meine Erwartungen realistisch sind.**
- → Mein Äußeres soll meine Persönlichkeit und meine Art widerspiegeln und mich nicht in einen anderen Menschen verwandeln.
- → **Nur wenn ich einen positiven Schönheitscode habe, können Make-up, ein tolles Outfit oder eine Schönheitsoperation dazu beitragen, dass ich mich schön fühle.**
- → Mein Aussehen muss vor allem einem Menschen gefallen: mir selbst.

7. Schritt
Schönheit im Wandel

→ Die größten Feinde weiblicher Attraktivität? Da müssen wir nicht nachdenken: Fettpolster und Falten natürlich! Merkwürdig nur, dass wir Schwangere und ältere Frauen trotzdem schön finden. Schwangerschaft und Alter – die zwei großen Abschnitte im Leben einer Frau – sind der beste Beweis, wie wenig wahre Schönheit mit Traummaßen und Schönheitsidealen zu tun hat!

Körper im Ausnahmezustand: Schwangerschaft

Schwanger, wie wundervoll! Mit jedem Monat wächst die Freude auf das Baby – und zugleich der Umfang des Körpers. Die Brüste werden prall und rund, der Bauch zeigt erst eine kleine Wölbung, um dann im weiteren Verlauf der Schwangerschaft zunehmend beeindruckende Ausmaße anzunehmen. Viele Schwangere fühlen sich weich, weiblich, sehr erotisch und genießen das NEUE KÖRPERGEFÜHL. Selbst Models, Popstars und Schauspielerinnen scheren sich plötzlich nicht mehr um Idealmaße. Verona Feldbusch, Cindy Crawford, Sarah Connor, Gwyneth Paltrow, Catherine Zeta-Jones versteckten wie viele andere prominente Schwangere ihre neuen Rundungen nicht, sondern führten ihren Körper selbstbewusst und stolz der Öffentlichkeit vor. Seht her, ich bin schwanger, ich bin glücklich und ich fühle mich großartig!

Viele Frauen entwickeln während der Schwangerschaft ein vollkommen neues, positives Verhältnis zu ihrem Körper. So manche, die sich vorher von Diät zu Diät hangelten, ernähren sich plötzlich gesund. Aus Verantwortungsgefühl für das Baby fangen sie an, auf die Signale ihres Körpers zu achten, und erleben, wie gut es ihnen damit geht. Andere, die ihren Körper seit der Pubertät stets abgelehnt haben, sind zum ersten Mal im Leben stolz auf ihn.

Trotzdem müssen sich die meisten Schwangeren erst einmal an ihre NEUE ÜPPIGKEIT gewöhnen. Vor allem Frauen, die bislang sehr auf ihre Figur geachtet haben, fällt das nicht immer leicht. Trotz aller Glücksgefühle beobachten sie die zunehmende Leibesfülle mit SKEPSIS UND ANGST. Bin ich das noch? Was, wenn ich diese Massen nicht mehr los werde? Sie versuchen zwar, sich wegen ihrer Figur nicht verrückt zu machen. Schließlich ist jetzt das Kind am wichtigsten. Doch ganz wohl ist ihnen in ihrem schwangeren Körper nicht. Viele werden empfindlich und mögen es zum Beispiel nicht mehr, wenn andere Menschen außer dem Partner sie nackt oder wenig bekleidet sehen. Und der Plan zum POSTNATALEN ABNEHMEN ist sowieso ausgemachte Sache.

Erfahrungsbericht

Marlene, 34

Etwa ab dem vierten Monat fing mein Bauch an, sichtbar zu wachsen. Einerseits war ich stolz darauf, meine Bauchwölbung anderen Menschen zu zeigen. Andererseits empfand ich die Wölbung als unförmig, eher wie ein kleines Fettpolster. Parallel dazu bildeten sich Polster auf meinen Hüften. Und welche Frau hat das schon gerne?! Doch das Hadern nahm ab, je runder der Bauch wurde. Besonders schön empfand ich mich ab dem sechsten Monat. Eine pralle Kugel, ich strotzte vor Leben und Stolz. Ich trug meinen Bauch richtig gerne und dachte immer, so straff wird er nie mehr werden. Kein Bauchmuskeltraining kann ihn so fest machen. Ich empfand mich nicht als dick, war aber froh, dass sich die Gewichtszunahme in Grenzen hielt. Neben dem dicken Bauch beobachtete ich neugierig das Wachsen meiner Brüste. Ich fand es toll, mal so einen richtigen Dirndl-Busen vorzeigen zu können. Besonders schön fand ich meine Ausstrahlung. Das betonte Frausein, meine Kraft und Weiblichkeit. Seit meiner Schwangerschaft empfinde ich Respekt und Dankbarkeit für meinen Körper. Ich habe früher durch eine Essstörung viel Schindluder mit ihm getrieben, und er hat mich trotzdem nicht im Stich gelassen. Mein Körper hat mir durch die Schwangerschaft die Chance gegeben, ihn anzunehmen und ihm zu vertrauen. Ich bin heute gern in meinem Körper und kann sogar das kleine Bäuchlein akzeptieren, das ich seit der Schwangerschaft vor mir hertrage. Ich gehe besser mit ihm um und nehme mir zum Beispiel mehr Zeit für die Körperpflege. Außerdem fühle ich mich erst seit der Schwangerschaft so richtig als Frau und nicht mehr als Mädchen.

Erfahrungsbericht

Lissy, 36

Was mich total nervt, sind Frauen, die behaupten, dass sie ihre Schwangerschaft vor allem deswegen genossen haben, weil sie endlich mal nach Herzenslust essen und dick sein durften. Meistens sind das genau die Frauen, die vorher dreimal die Woche zum Fitnesstraining gerannt sind, wegen jedem Gramm mehr in tiefste Depressionen verfallen sind und sich jede Frauenzeitschrift nur wegen der Diäten gekauft haben. Und auf einmal wollen sie einen Bauch toll finden, der es locker mit dem von Ottfried Fischer aufnehmen kann? Wenn diese Frauen dick sein so klasse finden, warum setzen sie dann nach der Geburt alles daran, so schnell wie möglich wieder schlank zu werden? Ich glaube diesen Frauen nicht, dass sie das Schwangersein so toll fanden. Solange man bei mir noch nicht definitiv sah, dass ich schwanger war, konnte ich bei anderen oft diesen fragenden Blick beobachten, der sagte: »Na, die Lissy hat auch'n bisschen zugelegt in letzter Zeit, was?« Gesagt hat natürlich keiner was, macht man ja nicht. Als die anderen dann wussten, dass ich schwanger war, hörten das Getuschel und die Spekulationen schlagartig auf. Da fragt man sich doch, was das soll. Einfach so zunehmen wird belästert, und wenn ich schwanger bin, dann ist dick sein plötzlich schön. Aber wehe, ich hätte ein Jahr nach der Schwangerschaft immer noch so ausgesehen… Die gleichen Leute, die vorher sagten, wie gut mir der Bauch stünde, sind jetzt die ersten, die mich dafür bewundern, dass ich wieder ganz schlank bin. Irgendwas stimmt da doch nicht.

> Um ehrlich zu sein: Ich sehe Fotos von mir
> mit diesem Riesenbauch nicht besonders gerne.
> Das ist albern, ich weiß, aber es ist so.

[Reese Witherspoon, *amerikanische Schauspielerin*]

Gegen Ende der Schwangerschaft geht fast allen Frauen die Puste aus. Die Freude auf das Kind ist riesig, aber die Sehnsucht nach Erleichterung nicht minder. Den meisten wird es jetzt ganz einfach zu viel.

ZU VIEL BAUCH. ZU VIEL BUSEN. ZU VIEL GEWICHT.

Die Bewegungen fallen immer schwerer und strengen an. Die Luft bleibt einem weg. Der Rücken ziept und zwickt. Der dicke Bauch ist ständig im Weg. In der Nacht weiß man nicht mehr, wie man liegen soll. Der eigene Körper wird zur Last.

Schwangerschaft – das Ende der Schönheit?

Bedeutet eine Schwangerschaft den Abschied vom Schönsein? Nein! Natürlich ist Ihr Körper nach einer Geburt außer Form. Und ganz so wie früher wird er nie wieder aussehen. Durch das Stillen kann der Busen kleiner werden und seine vorherige Festigkeit verlieren, vielleicht bleiben ein paar Dehnungsstreifen, vielleicht auch ein kleines Bäuchlein zurück. Attraktiv sind Mütter trotzdem, wie ein Blick in die Klatschmagazine beweist: die deutsche Sängerin Nena, die norwegische Prinzessin Mette-Marit, Hollands Máxima, die Schauspielerinnen Kate Hudson, Cate Blanchett oder Katja Flint, alles wunderschöne Frauen! Eine schlanke Figur bekommen Sie nicht binnen weniger Wochen zurück. Doch mit einer gesunden Ernährung und regelmäßiger Bewegung stellt sich das ursprüngliche Gewicht mit der Zeit wieder ein. Bei einigen Frauen geht das beneidenswert schnell, bei anderen dauert es bis zu zwei Jahren. Geben Sie Ihrem Körper die Zeit, die er braucht, um von Schwangerschaft wieder **AUF NORMALBETRIEB UMZUSTELLEN** und den »Babyspeck« loszuwerden. Und mag die Angst, die alten Maße nicht wieder zu erreichen, noch so groß sein – malträtieren Sie ihn nicht mit unsinnigen und gesundheitsgefährdenden Hungerkuren! Die englische Profi-Partybesucherin Liz Hurley ist das beste Beispiel für den postnatalen Schlankheitswahn. »Ich habe mich fast umgebracht, um Gewicht zu verlieren. Schließlich verdiene ich mein Geld damit, mich in enge Kleider zu zwängen«, erklärte sie in einem Interview mit der Zeitschrift »Woman« (26/2003). Sie verdienen Ihr Geld vermutlich mit anderen Dingen. Lassen Sie's also ruhig angehen.

ÜBUNG

Bodypainting für Schwangere

→ Macht Spaß und ist eine schöne Erinnerung an die Schwangerschaft: ein bunt bemalter Babybauch. Sie brauchen: abwaschbare Körperfarben (Bestelladresse siehe Anhang, Seite 189), einen Pinsel, den Partner oder eine gute Freundin. Bester Zeitpunkt ist etwa der siebte Monat, wenn der Bauch so richtig schön prall und rund ist. Überlegen Sie sich, als was Sie Ihren Bauch gerne verewigen wollen, als Melone, Kürbis, Sonne oder Mond, als Basketball oder als abstraktes Kunstwerk. Lassen Sie Ihre Fantasie spielen. Wenn Sie sich für ein Motiv entschieden haben, wird es von dem »Künstler« auf Ihren Bauch gemalt und hinterher fotografiert. So werden Sie nie vergessen, wie toll Ihr Bauch in der Schwangerschaft aussah!

Schönheit und Alter – das passt zusammen!

Das erste graue Haar. Die ersten Fältchen unter den Augen. Um die 30 schlägt die Stunde der Erkenntnis: Ich werde nicht ewig jung bleiben! Schritt für Schritt verschwindet von nun an die Jugend aus unserem Spiegelbild. Die Stirn legt sich in immer tiefere Querfalten, die Gesichtshaut erschlafft, die Oberlippe kräuselt sich, die Konturen des Körpers weichen auf. Wir cremen, massieren, trinken literweise Wasser, schlucken Anti-Aging-Präparate, doch der Verfall lässt sich nicht stoppen. Wie seit Jahrtausenden hadern wir mit der ENDLICHKEIT UNSERER JUGEND. Und wie seit Jahrtausenden ist ihr Verlust für Frauen gleichbedeutend mit dem Verlust der Schönheit. Denn schon immer wurde weibliche Attraktivität mit jugendlicher Blüte gleichgesetzt.

Eines Tages ist es so weit. Immer seltener lassen sich Bauarbeiter zu Pfiffen hinreißen, immer öfter gehen die Blicke von Männern durch einen hindurch oder bleiben an einer Jüngeren hängen. Das tut weh! Und weckt die ANGST, irgendwann gar nicht mehr als Frau wahrgenommen zu werden.

Schönheitswahn hin, Jugendwahn her, viele ältere Frauen wirken durchaus ATTRAKTIV und sogar EROTISCH. Wie in jedem Alter ist Schönheit nämlich vor allem eine Sache des Selbstbewusstseins und der Ausstrahlung. Man braucht nicht auszusehen wie 26, um andere Menschen in seinen Bann zu ziehen. Wie sehr ältere Frauen ihr Attraktivitätspotenzial oft unterschätzen, beweist die folgende Geschichte: 1999 posierten elf ganz normale 50- bis 70-jährige Engländerinnen aus einer Landgemeinde in Yorkshire nackt für einen Kalender, den

»Alternative Women's Institute Calendar«. Die Einnahmen aus dem Verkauf des Kalenders waren für das lokale Krankenhaus bestimmt, in dem einer der Ehemänner bis zu seinem Krebstod behandelt worden war. Aus der kleinen, gewagten Idee wurde ein Riesenerfolg. Knapp 300 000 verkaufte Kalender brachten rund 600 000 Pfund für die Leukämie-Forschung. 2003 wurde die Story sogar fürs Kino verfilmt. Tricia Stewart, eines der »Calendar Girls«, antwortete im Interview mit der Zeitschrift »Woman« (01/2004) auf die Frage, ob Frauen zwischen 50 und 70 Sexsymbole sein können: »Das will ich hoffen. Ich glaube auch, dass der Kalender das Selbstbild von älteren Frauen verändert hat: ES IST TOLL, EINE FRAU ZU SEIN, EGAL MIT WIE VIELEN JAHREN.« Die Nacktaufnahmen hatten die älteren Ladys einigen Mut gekostet, und mit dem Erfolg hätte keine von ihnen gerechnet. »Ich hatte auf einen Erlös von vielleicht 5000 Pfund gehofft«, erzählt Tricia Stewart in »Woman«. »Und eine von uns sagte: Wer um alles in der Welt soll sich einen Kalender mit unseren Bildern aufhängen?«

» Ich finde Senta Berger schön. Sie ist echt.
In ihrem Gesicht ist alles noch am gleichen Platz
wie vor 30 Jahren.
Sie war und ist unglaublich sexy.
Sie sieht glücklich aus. Und sie hat Humor.
Auch das sieht man ihr an. «

[Barbara Schöneberger, *deutsche Fernsehmoderatorin*]

Warum nicht?! Das sagte sich auch Uschi Glas. Nachdem ihr Mann sie für eine Jüngere verlassen hatte, ging sie kurz in die Knie und dann in die Offensive. Für die Zeitschrift »Max« ließ sich die deutsche Schauspielerin im Bikini ablichten. Ich bin knapp 60 und ich bin sexy! – so lässt sich ihre Botschaft deuten. Anders als bei den »Calendar Girls« sorgten die Fotos allerdings nicht für einhellige Begeisterung, sondern für heftige Diskussionen. Darf eine Frau in diesem Alter sich so präsentieren? Wir sagen: Klar darf sie! Uschi Glas findet sich schön. Sie akzeptiert und mag sich mit all den Spuren, die das Alter bei einer Frau hinterlässt. Egal, ob wir Frau Glas mögen oder nicht, egal, ob wir uns – in welchem Alter auch immer – minimal bekleidet in einer Zeitschrift sehen wollen, für diese Haltung gebührt ihr Respekt. Keine Frau sollte sich die FREUDE AM EIGENEN AUSSEHEN verbieten lassen, nur weil sie ein bestimmtes Alter überschritten hat!

Gesucht: schöne Vorbilder

Menschen brauchen in jeder Lebensphase Vorbilder, mit denen sie sich identifizieren können. Als Vorbildlieferanten haben sich in unserer Gesellschaft die Medien institutionalisiert. Nach attraktiven Rollenmodellen für ältere Frauen sucht man dort allerdings meist vergebens. Sie dürfen problemorientierte Werbung für Inkontinenzbinden, Haftcremes und Treppenlifte machen. Positiv besetzte Kampagnen für Mode, Autos, Parfüm und sogar Anti-Aging-Produkte sind dagegen jungen Models vorbehalten. In den meisten Frauenzeitschriften sind Bilder von Frauen über 40 tabu, und auch im Kino treffen wir sie eher selten an. Umso dankbarer sind wir für die STARKEN FRAUEN ÜBER 50, die regelmäßig im deutschen Fernsehen auftauchen. Zum Beispiel die Kommissarinnen-Figuren von Hannelore Hoger, Iris Berben und Hannelore Elsner. Ganz unterschiedliche Typen, aber alle unglaublich attraktiv. Sie haben eine raumfüllende Ausstrahlung

Anjelica Houston ist **schön**, weil sie **durchgehalten** hat – als Frau und als Schauspielerin. Weil sie ihre Nase und ihren Hintern **heute** genauso **selbstverständlich** durchs Leben und durch die Filme schiebt wie **früher**. Diese Frau sieht so aus, als wäre sie **nicht** ständig mit der Frage beschäftigt, wie sie **aussieht**. Das macht sie sexy und **schön**.

[Iris Berben, *deutsche Schauspielerin*]

und Sexappeal, sie sind klug, souverän und stehen mitten im Leben. Natürlich lasten auch ihnen die Schattenseiten des Älterwerdens manchmal auf der Seele. Doch am Ende siegen meist Humor, Optimismus und die Lust am Leben. Solche Frauen wollen wir sehen, denn so wollen wir sein, wenn wir älter sind!

Die richtigen Signale in Hollywood setzen Schauspielerinnen wie Susan Sarandon, Anjelica Houston oder Diane Keaton. Sie gehören zu den wenigen Frauen ihrer Generation, die noch den Sprung auf die Leinwand schaffen. In US-Kinofilmen bekommen Männer jenseits der 50 wie Jack Nicholson, Dustin Hoffman oder Sean Connery mit dem größten Selbstverständnis große Rollen angeboten. Ihre Filmpartnerinnen hingegen sind in der Regel mindestens 20 Jahre jünger. Dass Diane Keaton mit 58 – und ungeliftet! – für ihre Hauptrolle in »Was das Herz begehrt« 2004 mit einem Golden Globe und einer Oscar-Nominierung geehrt wurde, zeigt, wie erfolgreich ältere Schauspielerinnen sein können, wenn man sie arbeiten lässt. Das macht Mut!

Lebenszeichen

Nimmt man das gängige Schönheitsideal als Maßstab, dann gilt ein Gesicht nur dann als schön, wenn es makellos und glatt ist wie ein unbeschriebenes Blatt Papier. Liebe, Wut, unbändiges Glück, Trennungsschmerz, Sehnsucht, Freude, all diese Gefühle, die unser Leben ausmachen, soll man nicht in ihm lesen dürfen. Das ist absurd. Eine Frau kann auch dann attraktiv sein, wenn ihr Gesicht von Erfahrung und Reife geprägt ist! Wenn man ihr ansieht, dass sie geliebt, gefeiert, gejubelt, geweint, gelacht und gelitten hat.

Kennen Sie das? Sie beobachten eine auf den ersten Blick gut aussehende Frau und können sie nicht richtig einordnen. Irgendetwas an ihrer Erscheinung stimmt nicht. Das passiert, wenn 60-Jährige versuchen, wie 40 auszusehen. Ihr Gesicht will weder mit dem Rest des Körpers harmonieren, noch korrespondiert es mit ihrer Art, zu sprechen, sich zu bewegen, sich zu geben. Das Bild hat einen Sprung.

Niemand hat Lust darauf, alt auszusehen. Und wir alle versuchen, mit den uns zur Verfügung stehenden Mitteln möglichst lange möglichst jung zu bleiben und auch so zu wirken. Das ist gut und richtig so. Wir sollten nur aufpassen, dass wir dabei nicht die GRENZE ZUR SELBSTVERLEUGNUNG überschreiten. Oder wie soll man es bezeichnen, wenn eine Frau über 60 sich ein niedliches Püppchengesicht hinoperieren lässt? Wenn uns aus dem Gesicht einer eleganten, älteren Dame zwei vom häufigen Liften künstlich aufgerissene Augen mit dem naiven, leicht verschreckten Ausdruck einer Fünfjährigen anschauen? Diese Augen haben vermutlich die halbe Welt gesehen. Sie haben Kinder aufwachsen sehen. Diese Frau hat eine Ausbildung gemacht und eine berufliche Laufbahn hinter sich. Sie hat in ihrem Leben vieles geschafft, erreicht und überstanden. Warum soll man ihr ihre ERFAHRUNG UND REIFE, auf die sie stolz sein kann, nicht ansehen? Es ist traurig, wenn Frauen meinen, sich mit Ende 60 den

Gesichtsausdruck eines staunenden Kindes verpassen lassen zu müssen, um in dieser Gesellschaft mithalten zu können. Wenn Frauen sich in Karikaturen verwandeln, weil sie hoffen, auf diese Weise mit jüngeren Frauen mithalten zu können. Ist das schönes, würdiges Alter?

Erfahrungsbericht

Rainer, 58

Meiner Meinung nach gibt es keine Altersgrenze für weibliche Schönheit. Frauen, die es schaffen, in Würde zu altern, bleiben in meinen Augen bis ins hohe Alter schön. Ich finde zum Beispiel Hannelore Elsner eine fantastische Frau – ein richtiges Vollweib und eine ausgezeichnete Schauspielerin. Man sieht ihr an, dass sie nicht mehr jung ist, aber sie hat eine unglaublich erotische und attraktive Ausstrahlung. Als Mann kann man diese Frau nur schön finden. Wenn eine Frau schon früh das erkennt, was sie wirklich ausmacht, dann wird sie niemals hässlich sein, auch im Alter nicht. Damit meine ich ihre innere Schönheit. Ihren Charme, ihren Humor, ihre Klugheit, ihre liebevolle, einfühlsame Art, ihre Leidenschaftlichkeit und so weiter. Ich weiß, dass es nicht so einfach ist, in Würde zu altern. Das sagt sich immer so leicht daher, solange man jung ist. Ich bemerke es ja bei mir selbst. Früher hab ich immer gesagt, dass ich es grauenhaft finde, sich liften zu lassen. Aber wenn ich heute in der Frühe aufstehe und mich im Spiegel sehe und dann die Diskrepanz feststelle zwischen meinem jungen Geist und meinem alten Aussehen, dann denke ich schon mal über ein Lifting nach. Irgendwie hätte man ja schon gerne, dass das Innen und das Außen zusammenpassen. Und über eine gewisse Eitelkeit bin ich auch keineswegs erhaben. Da kann ich gut nachvollziehen, was in einer Frau vorgeht, die ja noch viel mehr als wir Männer nach ihrem Äußeren beurteilt wird. Doch mein Grundgefühl bleibt bestehen: Man sollte versuchen, in Würde zu altern.

Ich glaube fest daran,
dass Schönheit von innen kommt.
Es gibt 70-jährige Frauen,
die immer noch traumhaft aussehen –
weil sich in ihrem Gesicht
die Seele widerspiegelt.

[Jennifer Lopez, *amerikanische Schauspielerin*]

Das Geheimnis wahrer Schönheit im Alter

Noch wurde kein Mittel entdeckt, das uns vor dem Älterwerden bewahrt. Uns bleibt also nichts anderes übrig, als uns dieser Herausforderung zu stellen. Altern heißt Abschied nehmen von einem jugendlichen Körper. Es gibt wohl keine Frau, die diesen Abschied locker wegsteckt. Gerade Frauen, die es gewohnt waren, für ihre Schönheit bewundert zu werden, und sich stark über ihr Aussehen definieren, leiden unter dem Dahinwelken ihrer jugendlichen Reize. Wir alle brauchen Zeit, um uns mit der Tatsache abzufinden, dass es kein Zurück zu falten- und fleckenfreier Frische gibt. Und es gibt keinen Grund, warum wir das nicht betrauern dürfen. Denn Trauer gehört zu jedem Abschied. Ein paar Tränen und trübe Gedanken seien uns also gestattet. Nach einer angemessenen Trauerphase sollten wir dem Jammertal allerdings den Rücken kehren. Denn nur wer lernt, das Altern anzunehmen, und genug Platz für POSITIVE GEDANKEN UND GEFÜHLE lässt, der strahlt auch im Alter eine bewundernswerte Schönheit aus! Nicht die Schönheit einer 25-Jährigen. Sondern die Schönheit einer reifen, souveränen Frau.

Galgenfrist

Huch, schon wieder eine Falte mehr! Sehr unerfreulich, was man alles im Spiegel entdeckt, wenn das Alter den Meißel ansetzt. Doch zum Glück ist der Mensch ein Gewohnheitstier. Was uns heute noch erschreckt, das können wir uns nach ein paar Monaten oft gar nicht mehr anders vorstellen. Setzen Sie auf den GEWÖHNUNGSEFFEKT, anstatt nach jedem Altersschub sofort einen Termin beim Schönheitschirurgen zu vereinbaren. Geben Sie sich eine Chance, Ihr reifer gewordenes Gesicht zu akzeptieren.

Ich behaupte gar nicht, dass es toll ist,
alt zu werden. Aber was ist die Alternative?
Entweder ich werde älter oder ich sterbe gleich.
Dann lebe ich doch lieber noch ein bisschen.

[Susan Sarandon, *amerikanische Schauspielerin*]

Zur Kasse, bitte!

Pillen, Pulver, Tinkturen, ständig werden neue ANTI-AGING-PRODUKTE auf den Markt geworfen, die der Natur angeblich ein Schnippchen schlagen. Doch die lässt sich, wenn es um den Verfall unseres Körpers geht, nach wie vor von keinem Chemiker oder Mediziner überlisten. Unser Rat: Heben Sie sich das Pillenschlucken für ernste Erkrankungen auf. Das empfehlen auch seriöse Wissenschaftler wie der Altersforscher Jay Olshansky von der Universität von Illinois in Chicago. Der hoch angesehene Professor erklärte bei einem amerikanischen Wissenschaftskongress 2001, es existiere nach wie vor kein »Zaubermittel« gegen das Altern. Auch andere renommierte Kollegen halten Mittel, die den Alterungsprozess laut Packungsbeilage verlangsamen, stoppen oder rückgängig machen sollen, für reine Geldverschwendung. Viele Präparate sind nach Meinung der Experten vollkommen nutzlos, aber schaden zumindest der Gesundheit nicht. Höchst umstritten ist hingegen der Einsatz von Hormonen in der Anti-Aging-Medizin. Deren Wirkung ist längst nicht nachgewiesen. Zudem befürchten Wissenschaftler je nach Hormonpräparat teils erhebliche Nebenwirkungen wie Diabetes oder Gelenkschmerzen. Geben Sie Ihr Geld also lieber für einen schönen Urlaub, einen Blumenstrauß oder einen neuen Lippenstift aus. LEBENSFREUDE hält nämlich wirklich jung!

Wunsch frei

Stellen Sie sich vor, Sie hätten die Wahl: Würden Sie Ihr ganzes Leben im Körper einer 20-Jährigen verbringen wollen, wenn dafür auch Ihre geistige Reife auf diesem Stand bleiben würden? Bevor Sie spontan »Ja!!!« rufen, versetzen Sie sich in diese Zeit zurück. War sie wirklich eitel Sonnenschein? So SELBSTBEWUSST, SMART UND SCHLAU wie heute waren Sie damals vermutlich nicht. Wollen Sie auf all Ihre Erfahrung, Ihr Wissen und Ihre souveräne Ausstrahlung wirklich verzichten?

» Ich denke, jeder Versuch, jünger auszusehen, ist ein verlorener Kampf. Wer mit 50 Jahren wie 45 aussehen will, wird spätestens mit 55 wie 50 aussehen. Man kann nicht gewinnen. Ich finde es viel erstrebenswerter, elegant und attraktiv auszusehen. «

[Isabella Rossellini, *amerikanische Schauspielerin und Ex-Model*]

7

Knack den Code

→ Sie haben Angst, mit den Jahren immer unattraktiver zu werden? Blättern Sie zurück auf Seite 58 und wiederholen Sie die Schönheitscode-Übung unter dem Aspekt Alter und Aussehen. Überprüfen Sie, welche negativen Botschaften Sie zum Thema reife Frauen in Ihrer Kindheit und frühen Jugend mitbekommen haben. Zum Beispiel »Frauen ab 40 sind nicht mehr knackig und kriegen deshalb keinen Mann mehr ab«, »Ältere Frauen sollten keine modische Kleidung tragen«, »Reife Frauen sollten sich nicht schminken« ... Aus diesen Botschaften haben Sie negative Glaubenssätze entwickelt, zum Beispiel »Wenn ich mit 40 Single bin, bleibe ich für immer allein«, »Als reife Frau ist es vorbei mit schönen Klamotten« ... Diese Glaubenssätze wiederum machen Ihnen erst Angst vor dem Älterwerden und prägen später Ihr Verhalten. Sie trauen sich zum Beispiel nicht mehr zu flirten, sobald Sie 40 sind – und sind frustriert. Oder Sie ändern ab einem bestimmten Alter Ihren Kleidungsstil in eine Richtung, die Ihnen eigentlich gar nicht gefällt – und fühlen sich wie eine graue Maus. Ein negativer Schönheitscode kann uns im Alter die Lebensfreude, eine POSITIVE AUSSTRAHLUNG und damit tatsächlich unsere ATTRAKTIVITÄT kosten.

» Warum sich nicht ein Beispiel an Audrey Hepburn nehmen? 65 Jahre alt sein und wie 65 aussehen aber wie tolle 65. In dem Alter wie 35 oder 25 aussehen zu wollen geht immer schief. «

[George Clooney, *amerikanischer Schauspieler*]

Erfahrungsbericht

Helene Kögel, 86

Für mich war Schönheit nie ein Thema, nicht einmal als junges Mädchen. Man hat mir oft Komplimente gemacht und mir gesagt, wie attraktiv ich bin, aber ich selbst habe mich nie als besonders schön, aber auch nicht als hässlich empfunden. Es ist wirklich lustig, aber heute, mit 86 Jahren, bekomme ich noch öfter als mit 18 gesagt, wie gut ich aussehe. Mich fragen andere Menschen oft, was ich mache, um so jung auszusehen und zu sein, wie ich bin. Ich glaube, es ist wichtig, dafür zu sorgen, dass man sich frei fühlt, und sich so wenig wie möglich Zwängen zu unterwerfen. Heute ist die Zeit anders, viel schnelllebiger und oberflächlicher, und das bedingt auch ein anderes Verhalten der Frauen. Was Frauen sich heute antun, ist eben einem Schönheitsideal nachlaufen und schlimme Dinge mit sich tun. Sie laufen weg vor sich selber. Die Individualität geht verloren. Ich habe immer schon das gemacht, was ich wollte und was mein Gefühl mir gesagt hat. Natürlich gab es auch Probleme und schwere Zeiten in meinem Leben, aber ich habe mir immer Zeit für mich genommen und überlegt, was richtig für mich ist. Und ich glaube, das ist es, was mich so jung gehalten hat. Ich bin zum Beispiel mal gefragt worden: »Sie haben wohl sehr gesund gelebt?« »Nein«, konnte ich da nur sagen, »ich habe sehr lustvoll gelebt.« Ich glaube, das ist das A und O, um gesund und schön zu sein. Ich habe mir meine Lebendigkeit erhalten, indem ich einfach nur nach dem Lustprinzip gelebt habe. Außerdem interessiere ich mich bis heute für alles Mögliche und habe mich nie vor Herausforderungen gescheut. Ich habe mich außerdem immer viel bewegt. Habe Sport gemacht oder war draußen in der Natur. Das hilft dem Körper und der Haut oft mehr als irgendwelche Cremes und Packungen. Trotzdem gehe ich nach Möglichkeit einmal im Monat zur Kosmetikerin. Seinen Körper regelmäßig zu pflegen und ihn wertzuschätzen ist meines Erachtens sehr wichtig für die Schönheit. Ich habe auch einmal über eine Schönheitskorrektur nachgedacht. Ich habe einige starke Mundfalten und hatte überlegt, ob ich da nicht mal was machen lasse. Dann hatte meine Kosmetikerin einen Tag der offenen Tür, und ich habe zugesehen, wie jemand mit irgendeiner Säure unterspitzt wurde, und festgestellt, mit diesen zig Stichen, das sind doch Schmerzen, nein, das wollte ich dann doch nicht. Ich glaube, meine entscheidenden Vorteile sind meine positive Energie und meine Einstellung. Alles nicht so eng zu sehen, mit Humor und mit Leichtigkeit durchs Leben zu gehen. Ich mache viel Feldenkrais, das gibt mir die Leichtfüßigkeit, mit der ich mich durchs Leben bewege. Ich tue was für meinen Körper, ich tue was für meinen Geist und auch für meine seelische Entwicklung. Ich glaube, es ist wichtig, eine Harmonie zwischen diesen Komponenten herzustellen.

Leben – das Schönheits-Elixier

Die amerikanische Schauspielerin Anjelica Houston hat in der Zeitschrift »Emma« (01/2003) einen sehr klugen Satz gesagt: »Jugend hat etwas mit der inneren Einstellung zu tun: Nicht die Jahre im Leben zählen, sondern das Leben in unseren Jahren.« Genau das ist das GEHEIMNIS VON FRAUEN, deren reife Schönheit uns beeindruckt. Sie denken lieber darüber nach, was in ihrem Leben bislang zu kurz gekommen ist und wie sie ihre Wünsche, Träume und Pläne umsetzen können, als sich mit sinnlosen Kämpfen um den Erhalt ihrer Jugend auszubremsen. Sie nehmen ihr Alter an und führen ein ERFÜLLTES LEBEN. Sie sind nicht immer glücklich und heiter, aber sie verlieren nie ihren Humor und genießen die schönen Seiten des Daseins in vollen Zügen. Diese POSITIVE EINSTELLUNG macht sie in unseren Augen schön, auch mit Falten, die von einem langen Leben erzählen.

Das merke ich mir

- → Eine Schwangerschaft gibt mir die Chance, meinen Körper ganz neu zu erleben.
- → Nach der Geburt lasse ich meinem Körper genug Zeit, wieder zu seiner alten Form zurückzufinden.
- → Frauen können in jedem Alter schön und erotisch sein.
- → Wenn ich Angst habe, im Alter meine Attraktivität zu verlieren, helfen mir positive Glaubenssätze, diese Angst zu verlieren.
- → Je intensiver ich lebe, desto mehr Leben strahle ich aus und desto schöner wirke ich auf andere Menschen.

Charakterlich sind die Menschen
verschieden und einzigartig.
Darin liegt für mich die wahre Schönheit:
in unserer Fähigkeit, wir selbst zu sein.

[Salma Hayek, *mexikanische Schauspielerin*]

Epilog

Ich bin schön!

Zu Beginn dieses Buches hatten wir Sie gebeten, darüber nachzudenken, wie Sie zu Ihrem eigenen Aussehen stehen. Wenn Sie Ihre Gedanken aufgeschrieben haben, dann holen Sie den Zettel jetzt hervor und lesen Sie ihn noch einmal durch. Wenn Sie sich keine Notizen gemacht haben, versuchen Sie sich zu erinnern, wie Sie die Fragen auf Seite 19 beantwortet haben. Hat sich durch das Lesen dieses Buches etwas an Ihrer Einstellung und Ihren Vorstellungen geändert?

Vielleicht haben Sie Ihr PERSÖNLICHES SCHÖNHEITSIDEAL überdacht und neu definiert.

Vielleicht haben Sie beim Lesen begonnen, Ihren Körper mit anderen Augen zu betrachten, und festgestellt, dass Sie sich im Grunde ganz IN ORDNUNG FINDEN, so wie Sie sind.

Vielleicht wissen Sie jetzt, welche PERSÖNLICHEN SCHÖNHEITSZIELE Sie wirklich erreichen wollen – und wie Ihnen das gelingt.

Vielleicht haben Sie sich auch ganz einfach nur vorgenommen, in Zukunft etwas netter zu Ihrem Körper zu sein. Wenn Sie Ihren Körper bislang nicht wirklich gemocht haben, werden Sie ihn nicht plötzlich von heute auf morgen lieben, nur weil Sie dieses Buch gelesen haben. Sie fühlen sich auch nicht auf einen Schlag schön wie ein Schwan. Aber Ihnen ist hoffentlich klar geworden, dass Sie kein hässliches Entlein sind. Nutzen Sie das Buch auch weiterhin als Wegweiser zu einem guten Körpergefühl und einem positiven Selbstbild. Stellen Sie das Buch nicht ins Regal, sobald Sie die letzte Zeile gelesen haben, sondern legen Sie es griffbereit hin und lesen Sie nach, sobald Sie sich unwohl in Ihrer Haut fühlen. Vor allem wenn Sie bei der Schönheitscode-Übung festgestellt haben, dass Ihr Selbstbewusstsein von negativen Botschaften aus früheren Zeiten sabotiert wird, sollten Sie zur Auffrischung immer mal wieder in dem einen oder anderen Kapitel blättern. Alte, schädliche Glaubenssätze ein für alle Mal loszuwerden und mit dem eigenen Körper Freundschaft zu schließen funktioniert nicht im Hauruck-Verfahren. Es braucht Geduld, Zeit und vielleicht sogar mehrere Anläufe, um alle Anregungen und positiven Gedanken zu verinnerlichen und im Alltag umzusetzen. Wichtig ist: Egal, was Sie sich vorgenommen haben, HALTEN SIE DURCH!

Das vorherrschende Schönheitsideal werden wir nicht abschaffen können. Aber wir können den Entschluss fassen, uns nicht länger von ihm tyrannisieren zu lassen und selbst zu bestimmen, wen und was wir schön finden. Dieses Buch hat Ihnen hoffentlich Mut machen können, zu sich selbst zu stehen und in Zukunft selbst zu entscheiden, was Sie im Namen der Schönheit mitmachen und was nicht.

Wenn Sie sich zu der Einstellung entscheiden, dass Ihr Körper einzigartig und liebenswert ist, dann werden Sie sich mit der Zeit in ihm wohl fühlen. Und Sie werden erleben, wie attraktiv Sie auf andere Menschen wirken. Denn wer sich wohl fühlt, der strahlt wahre Schönheit aus. ICH BIN SCHÖN! Sprechen Sie es ruhig laut aus. Zu Beginn werden Sie diesen Satz sicherlich nicht glauben können, sondern das Gefühl haben, sich etwas einzureden. Das ist ganz normal, schließlich haben Sie sich lange genug eingeredet, zu dick, zu lockig, zu blass, zu unproportioniert, zu sonst was zu sein. Wenn Sie jedoch beherzigen, was Sie in diesem Buch gelesen haben, dann wird der Tag kommen, an dem Sie Ihre ganz PERSÖNLICHE, INDIVIDUELLE SCHÖNHEIT anerkennen können. Von da an wird Ihnen der magische Satz ganz leicht über die Lippen gehen. Freuen Sie sich drauf!

Liebe Frauen,

ihr seid kein Irrtum der Natur! Ehrlich gesagt, mir kommen die Tränen, wenn ich sehe, wie ihr, meine wundervollen Geschöpfe, mit euch umgeht. Glaubt ihr allen Ernstes, ich, die Natur, habe mich bei eurer Erschaffung so geirrt? Glaubt ihr, ich wollte euch mit eurem Körper strafen? Als ich euch einen Körper gab, hatte ich das Gefühl, jeder von euch etwas Einzigartiges zu schenken. Jede von euch sieht anders aus – was ist so falsch daran? Wie seid ihr nur darauf verfallen, dass ihr euch alle ähneln müsst wie Barbiepuppen in einem Kaufhausregal? Wie würden die Wälder, Flüsse, Seen, ja die gesamte Erde ausschauen, wenn ich all die Bäume, die Gräser, die Blumen, die Tiere gleich gemacht hätte? Auf jeden Fall bräuchtet ihr dann kein Geld mehr für Urlaube auszugeben, denn es sähe eh überall gleich aus. Aber ist es nicht so, dass ihr euch gerade an der Vielfalt meiner Schöpfung erfreut?
Ich verstehe euch nicht. Vielleicht wollt ihr mich ja bestrafen, indem ihr an euch herummäkelt und mir jeden Tag sagt, was ich alles falsch gemacht habe. Aber wieso hackt ihr dann auch noch gegenseitig auf euch herum? Und wie kommt ihr auf die absurde Idee, ich hätte euch, und vor allem euren Körper, für die Männer geschaffen? Ich kann mich wirklich nur wundern. Und kommt mir bloß nicht mit den bösen Männern, den schlimmen Medien oder den gemeinen anderen Frauen. Ihr seid keine Opferlämmer. Ihr habt alles von mir mitbekommen, was ihr braucht, um glücklich mit eurem Körper zu werden. Also macht was daraus! Probiert es wenigstens für eine Woche oder einen Monat aus und schaut, was in dieser Zeit mit euch passiert. Versucht einmal, nicht über euren Körper zu schimpfen, keinen Mann zu fragen, ob er euch schön findet, Zeitschriften nur als gute Unterhaltung zu betrachten, euren Schwestern ein Lächeln zu schenken und, was das Wichtigste ist, euch als das zu begreifen, was ihr seid:
einzigartig schön!!!

Bücher & Adressen, die weiterhelfen

Bücher und Adressen, die weiterhelfen

Bücher

Angier, Natalie: *Frau – Eine intime Geographie des weiblichen Körpers.* Bertelsmann, 2000

Berger, Alexandra und Andrea Ketterer: *Basics for Lovers.* Gräfe und Unzer, 2002

Chesler, Phylis: *Woman's Inhumanity to Woman.* Plume Books, 2003 (noch nicht in deutscher Übersetzung)

Dowling, Colette: *Der Cinderella-Komplex. Die heimliche Angst der Frauen vor der Unabhängigkeit.* Fischer-Taschenbuch, 1990

Dowling, Colette: *Perfekte Frauen.* Fischer-Taschenbuch, 1992

Etcoff, Nancy: *Nur die Schönsten überleben. Die Ästhetik des Menschen.* Hugendubel und Diederichs, 2001

Grammer, Karl: *Signale der Liebe. Die biologischen Gesetze der Partnerschaft.* Deutscher Taschenbuch Verlag, 2000

Hales, Dianne: *Warum haben Frauen so kleine Füße? Wie die moderne Forschung die neue Weiblichkeit definiert.* Bastei Lübbe, 2001

Miller, Alice: *Evas Erwachen. Über die Auflösung emotionaler Blindheit.* Suhrkamp, 2001

Orbach, Susie: *Hungerstreik. Ursachen der Magersucht. Neue Wege zur Heilung.* Econ, 1987

Orbach, Susie: *AntiDiät-Buch. Über die Psychologie der Dickleibigkeit, die Ursachen von Eßsucht.* Frauenoffensive, 2001

Orbach, Susie: *AntiDiätBuch II. Eine praktische Anleitung zur Überwindung von Eßsucht.* Frauenoffensive, 1993

Orbach, Susie: *Lob des Essens.* Goldmann, 2003

Rammé Firlefanz, Anke: *Körpermalerei & Ritual. Ein Praxisbuch.* Arun, 2002

Samel, Gerti und Sylvia Schneider: *Clear your Life. Zehn Wege für Frauen.* Kreuz, 2003

Samel, Gerti und Sylvia Schneider: *Love your Age. Acht Wege aus dem Schönheitsterror.* Kreuz, 2003

Adressen und Links

Essstörungen – Informationen und Hilfe

Bundesfachverband Essstörung, Tel. 0561/71 34 93, www.bundesfachverbandessstoerungen.de: *Zusammenschluss von Beratungs- und Therapieeinrichtungen in Deutschland, zum Beispiel:*

ANAD e.V.,
Tel. 089/242 39 96-0,
www.anad-pathways.de

Cinderella e.V.,
Tel. 089/502 12 12,
www.cinderella-rat-bei-essstoerungen.de

Dick & Dünn e.V.,
Tel. 030/854 49 94,
www.dick-und-duenn-berlin.de

Balance e.V.,
Tel. 069/49 08 63 30,
www.balance-bei-essstoerungen-frankfurt.de

Frankfurter Zentrum für Essstörungen,
Tel. 069/55 01 76,
www.fz-ess-stoerungen.de

Waage e.V.,
Tel. 040/491 49 41,
www.waage-hh.de

Drahtseil,
Tel. 0341/495 56 90,
www.zfi-leipzig.de

Empfehlenswerte Links

www.ab-server.de: *Infos über Essstörungen, Suchmaschine für Beratungsstellen und betreutes Wohnen; Esstipps für junge Mädchen, Adressen von WGs mit Therapeut*

www.essprobleme.de: *Infos für Menschen mit Ernährungs- und Essproblemen*

www.hungrig-online.de: *Infos über Essstörungen, Beratungsstellen nach Bundesländern sortiert; Chat-Foren für Betroffene und Angehörige*

www.magersucht.de: *Aufklärung zum Krankheitsbild, Adressdatenbank für Kliniken*

www.schlaraffenland-bremen.de: *medizinische Aufklärung, psychologische Beratung und ein Chatforum für Betroffene*

Ihren Body Mass Index können Sie auch im Internet ausrechnen lassen: www.bodymass.de oder auf der Homepage von Gräfe und Unzer: www.gu-online.de

Weitere hilfreiche Adressen

TCE, Therapie-Centrum für Ess-Störungen, Schleißheimer Str. 267, 80809 München, Tel. 089/35 62 49 50, www.t-c-e.de

NAKOS, Kontakt- und Informationsstelle für Selbsthilfegruppen in Deutschland, Tel. 030/31 01 89 60, www.nakos.de E-Mail: selbsthilfe@nakos.de

Brustkrebs – Informationen und Hilfe

AKF Arbeitskreis Frauengesundheit in Medizin, Psychotherapie und Gesellschaft e.V., Tel. 0421/434 93 40, www.akf-info.de

Brustkrebs-Initiative Hilfe zur Brustgesundheit e.V., Tel. 030/85 99 51 31, www.brustkrebs.net

www.brustkrebs-web.de

Deutsche Krebshilfe e.V., Tel. 0228/729 90-0, www.krebshilfe.de

Deutsches Krebsforschungszentrum – Krebsinformationsdienst, Brustkrebstelefon, Tel. 06221/42 43 43, www.krebsinformation.de

Frauenselbsthilfe nach Krebs e.V. Bundesverband, Tel. 0621/244 34, www.frauenselbsthilfe.de

INKA – das Informationsnetz für Krebspatienten und Angehörige, www.inkanet.de, E-Mail: info@inkanet.de

Interessengemeinschaft brustoperierter Frauen, Senftenberger Ring 38e, 13435 Berlin

mamazone – Frauen und Forschung gegen Brustkrebs e.V., Tel. 0821/52 13 144, www.mamazone.de *(Die Initiative »mamazone« will Betroffene zu mündigen Patientinnen machen)*

Bodypainting

Bestelladresse für Körperfarben:

Kryolan GmbH, Papierstr. 10, 13409 Berlin, www.kryolan.de, E-Mail: info@kryolan.com

Bodypainting-Kurse:

Anke Rammé Firlefanz, Landsbergerstraße 3, 86987 Schwabsoien, www.ankesbodyart.de, E-Mail: anke.firlefanz@t-online.de

Schönheitsoperationen

Informationen und seriöse Adressen von Schönheitschirurgen über:

Deutsche Gesellschaft für Ästhetisch-Plastische Chirurgie (DGÄPC), Tel. 040/853 70 331, www.dgapc.de E-Mail: info@dgaepc.de

Deutsche Gesellschaft für Plastische und Wiederherstellungschirurgie (DGPW) e.V., Tel. 04261/77 21-26 / -27, www.dgpw.de

Vereinigung der Deutschen Ästhetisch-Plastischen Chirurgen (VDÄPC), Tel. 030/88 55 16 15, www.vdaepc.de

Vereinigung der Deutschen Plastischen Chirurgen (VDPC), Tel. 030/885 10 63, www.vdpc.de

Die Autorinnen veranstalten Seminare unter dem Motto »Du bist schön!«. Kontakt: KSundermeier@aol.com

Hinweis: Die Namen einiger Interviewpartner haben wir auf deren Wunsch geändert.

Register

A

B

C

E

F

Impressum

Redaktionsleitung
Ulrich Ehrlenspiel
Redaktion
Ilona Daiker
Lektorat
Petra Kunze

Titelfoto
Anja Wechsler, München
Illustrationen
Christine Haberstock, Berlin
Umschlaggestaltung
independent Medien-Design, München
Bettina Stickel
Innenlayout
independent Medien-Design, München
Claudia Fillmann

Herstellung
Susanne Mühldorfer
Satz
Uhl + Massopust, Aalen

Repro
Fotolitho Longo, Bozen
Druck & Bindung
Druckhaus Kaufmann, Lahr

Umwelthinweis
Dieses Buch wurde auf chlorfrei gebleichtem Papier gedruckt. Um Rohstoffe zu sparen, haben wir auf Folienverpackung verzichtet.

ISBN 3-7742-6379-5
Auflage 5. 4. 3. 2. 1.
Jahr 08 07 06 05 04

Wichtige Hinweise

Die Beiträge in diesem Buch sind sorgfältig recherchiert und entsprechen dem aktuellen Stand. Abweichungen, beispielsweise durch seit Drucklegung geänderte Preise, Gebühren, Anlageentwicklungen, WWW-Adressen etc., sind nicht auszuschließen. Weder Autoren noch Verlag können für eventuelle Nachteile oder Schäden, die aus den im Buch gegebenen praktischen Hinweisen resultieren, eine Haftung übernehmen.

DAS ORIGINAL · MIT GARANTIE · GU

Das Original mit Garantie

Ihre Meinung ist uns wichtig.

Deshalb möchten wir Ihre Kritik, gerne aber auch Ihr Lob erfahren. Um als führender Ratgeberverlag für Sie noch besser zu werden. Darum: Schreiben Sie uns! Wir freuen uns auf Ihre Post und wünschen Ihnen viel Spaß mit Ihrem GU-Ratgeber.

Unsere Garantie: Sollte ein GU-Ratgeber einmal einen Fehler enthalten, schicken Sie uns das Buch mit einem kleinen Hinweis und der Quittung innerhalb von sechs Monaten nach dem Kauf zurück. Wir tauschen Ihnen den GU-Ratgeber gegen einen anderen zum gleichen oder zu einem ähnlichen Thema um.

GRÄFE UND UNZER VERLAG
Redaktion Körper & Seele
Postfach 86 03 25
81630 München
Fax: 089/41981-113
E-Mail: leserservice@graefe-und-unzer.de

GRÄFE UND UNZER

Ein Unternehmen der
GANSKE VERLAGSGRUPPE